Ayya Khema

Was du suchst, ist in deinem Herzen

HERDER spektrum

Band 5129

Das Buch:
Ayya Khema hat in ihrem abenteuerlichen Leben viele Rollen gespielt und keinen Erdteil ausgelassen: aufgewachsen als behütete Tochter eines jüdischen Börsenmaklers im großbürgerlichen Berlin der zwanziger Jahre, ist sie vor den Nazis zunächst nach England, dann nach Shanghai geflohen. Mit ihrem (ersten) Mann lebt sie, inzwischen in den USA, als Hausfrau mit zwei Kindern in einem kalifornischen Bungalow; als Globetrotterin führt eine Reise sie mit ihrem zweiten Mann und ihrem kleinen Sohn durch Südamerika und Asien. Schließlich wird sie mit 55 Jahren buddhistische Nonne, erst in Sri Lanka, wo sie unter anderem ein Nonnenkloster auf einer Insel gründet – die berühmte „Nonneninsel" –, später in Deutschland.

Aus diesem aufregenden Leben kam sie zu dem Schluss: „Alles, was in dieser Welt passiert, ist vergänglich: das äußere Leben kann nicht inneren Frieden und inneres Glück bringen." Aus dieser Erkenntnis entstand ihre zentrale Botschaft, die die westliche, in östlicher Weisheit geschulte Frau ihren Schülern als Vermächtnis hinterließ: „Alles hat seinen Anfang in unseren Herzen. Der einzige Frieden, den wir erfahren können, ist jener in unserem Herzen." Ayya Khema faszinierte zahlreiche Menschen als klare, strenge und immer liebevolle Lehrerin, für viele Suchende bot sie die Orientierung, die sie anderswo vermissten. Sie stellt Ansprüche: im Lernen, so sagt sie, „liegt die Bestimmung des menschlichen Daseins – nicht in Komfort, Reichtum, Wohlstand und Besitztümern; auch nicht in Ruhm oder Weltverbesserung. Doch das Leben ist eine Schule für Erwachsene, und das wichtigste, was wir dort lernen können, ist: Wir sollten unser Herz entfalten und es wachsen lassen." Sie redet über das Glück – „Glückseligkeit und Heilsein beinhalten Loslassen. Am Ende können wir nichts behalten." Ayya Khema zeigt aber nicht nur das Ziel auf, sondern weist auch den Weg dorthin: die Meditation. Zentrale Gedanken der großen buddhistischen Meisterin für den Alltag sind in diesem Band versammelt: Einsichten zum Weg, der zu innerer Klarheit führt.

Die Autorin
Ayya Khema, 1923 in Berlin geboren, lebte und lehrte Buddhismus in der Theravada-Tradition gegen Ende ihres Lebens im Allgäu, wo sie auch 1997 starb. Davor lebte sie in den USA, später in Sri Lanka und reiste durch Südamerika und Asien. Sie gründete das erste buddhistische Waldkloster in Deutschland. Ihre Vorträge sind in vielen Büchern erhalten.

Die Herausgeberin
Angela Krumpen, Jahrgang 1963, arbeitet als freie Rundfunkjournalistin und Moderatorin zu den Themen Religion und Gesellschaft. Ihr Schwerpunkt sind der Buddhismus und Tibet. Angela Krumpen lebt mit ihrem Mann und ihrem kleinen Sohn in der Nähe von Köln.

Ayya Khema

Was du suchst, ist in deinem Herzen

Der Weg zur inneren Klarheit

Mit einem Vorwort von Sylvia Wetzel

Herder

Freiburg · Basel · Wien

Gedruckt auf umweltfreundlichem,
chlorfrei gebleichtem Papier
Alle Rechte vorbehalten – Printed in Germany
© Verlag Herder Freiburg im Breisgau 2001
Satz: Barbara Herrmann, Freiburg
Druck und Bindung: Freiburger Graphische Betriebe 2001
Umschlaggestaltung und Konzeption:
R·M·E München / Roland Eschlbeck, Liana Tuchel
Umschlagbild: © Liana Tuchel
ISBN 3-451-05129-X

Inhalt

Vorwort 9

1 Liebe: Hingabe öffnet das Herz 15
   Die Liebeswaage ist noch nicht erfunden 16
   Hingabe öffnet das Herz 18
   Liebe kann man lernen 19
   Nur ein grenzenloses Herz kann grenzenlose Wirklichkeit
   erfahren 20
   Wahrheit und Liebe gehören zusammen 21
   Unsere Herzen sind Grenzübergänge mit Passkontrollen .. 22
   Durch die Liebe frei sein 23
   Wenn das Herz sich öffnet, sind wir zu Hause 24
   Niemand bringt uns bei, uns selbst zu lieben 25
   Lernen, sich selbst zu lieben 25
   Selbstliebe heißt: mütterlich mit sich umgehen 27
   Wer lieben lernt, hat den Sinn des Lebens gefunden 28
   Worte verwandeln sich in ein Gefühl 29
   Unabhängig, umarmend und beschützend 29
   Wir können erst lieben, wenn wir uns sicher fühlen 31
   Langsamer werden 32
   Liebe macht stark, nicht schwach 33
   Das Herz braucht Übung 34
   Liebende Güte kann man nur erfahren 35
   Wie kann man Gott lieben? 36
   Jesus und Buddha zeigen den Weg: die Liebe 38

2 Leben: Wir bekommen, was wir geben 41
   Was ist Gott? 42
   Jeder Tag ist abends unwiederbringlich vorbei 43
   Ehrlich sein zu sich selbst 44
   Alles braucht seine Zeit 45
   Wer meditiert, hört auf zu denken und fängt an zu leben ... 46

Wie können wir unser Leben am besten nutzen? 48
Die innere Stimme darf nicht verstummen 49
Mit den Augen einer Mutter 50
Selbstverantwortung ist der erste Schritt zur Weisheit 50
Jemand sein zu wollen, ist gefährlich 51
Warum tue ich, was ich tue? 52
Sinnesfreuden sind nicht das Ziel 53
Im Bewusstsein der Lehre leben 54
Planen ja, sorgen nein 55
Urteilen macht müde 56
Das Leben ist eine Schule für Erwachsene 57
Leben mit Herz und Geist 58

3 Gefühle: Das Äußere ist ein Spiegel des Inneren .. 59

Was wir selbst empfinden, davon hängt alles ab 60
Heilsame Gedanken und Gefühle 61
Das Äußere ist ein Spiegelbild des Inneren 62
Was wir wünschen, bekommen wir auch 63
Hochmut verhärtet den Geist 64
Jede Erwartung endet in einer Enttäuschung 65
Wir machen uns selber unglücklich 66
Zorn ist eine Entscheidung 68
Ärger und Zorn verdoppeln unseren Schmerz 69
Wir können lernen, Freude zu finden 71
Worüber wir uns freuen können 72
Kann man Glück kaufen? 73
Wir bekommen, was wir geben 73
Wir selbst sind das Hindernis auf dem Weg zum Glück 74
Eine Glocke für die Freude 75
Frieden finden wir nur im eigenen Herzen 76
Frieden hat nur, wer zufrieden ist 77
Innerer Friede kommt nicht durch schöne Erlebnisse 78
Die Welt ist eine Fachschule für Glück und Frieden 80
Wer Frieden will, muss im Herzen abrüsten 80
Wie wird Weihnachten ein Fest des Friedens? 82

4 In Beziehungen leben: Je mehr wir verschenken, desto mehr bekommen wir 85

Andere empfinden anders als wir 86
Warum die Welt ein Spiegel ist 87
Schuld sind nicht die anderen 90
Heilsames tun 91
Unsere Absichten entscheiden über unser Karma 92
Die Tragödie menschlicher Beziehungen 93
Menschen sind komisch – und haben alle die gleichen Fehler 94
Realistisch unbeschwert 96
Persönliche Macht entsteht aus innerer Klarheit 97
Reden ist eine Kunst 98
Zuhören ist eine Kunst 99
Wir können uns mit anderen freuen 100
Je mehr wir verschenken, desto mehr bekommen wir 102
Wenn wir uns helfen können, können wir auch anderen helfen 103
Warum geben wir? 104
Vertrauen entsteht, wenn wir sagen, was wir meinen 105
Allein das eigene Herz zählt 106
Wir gehen mit Beziehungen um, als seien es Geschäfte 108
Wir tun uns selbst einen Gefallen, wenn wir nicht mit Dankbarkeit rechnen 109

5 Leid, Tod und Sterben: Das Wünschen loslassen .. 111

Krank sein ist normal 112
Der Körper ist nicht vollkommen 113
Nicht auf das Angenehme fixiert sein 114
Wie Leiden uns hilft 115
Verzichten 117
Bei Fehlern helfen Geduld und Nachsicht 118
Das Unmögliche wird möglich 119
Jeder kann lernen, heil zu werden 120
Das Wünschen loslassen 121
Ein Menschenleben ist kostbar 122
Leben in Liebe 123
Worauf kommt es an? 124

Wahrheit befreit	125
Geduld	126
Der Tod ist unser Geburtstag	127
Nach dem Tod	128
Was ist Wiedergeburt?	129

6 Meditation: Sich auf den Weg machen — 131

Welche Freiheit verspricht der Buddha?	132
Erkennen und Erleben	132
Meditation ist kein Luxus	134
Meditation – nicht ohne Freude	135
Basis für die spirituelle Entwicklung	136
Wie Meditation uns verändert	136
Spirituelle Praxis ist Läuterung	137
Meditation hilft gegen Trägheit	138
Meditation erzeugt Vertrauen	139
Konzentration	140
Was ist der Buddhismus?	141
Meditation ist für den Geist, was Yoga für den Körper ist	142
An welchem Punkt der Reise stehen wir?	142
Sich auf den Weg machen	143
Ohne Freude keine Heilung	144
Alles muss, alles kann im eigenen Herzen gefunden werden	145
Meditation verändert	146
Glaube und Weisheit gehören zusammen	146
Entschlossenheit	149
Wie ein Ozean	150
Meditation ist mehr als angenehme Gefühle	151
Einsicht ist das Ziel	152

Liebende-Güte-Meditation Springbrunnen — 153

Stichwortverzeichnis — 157

Quellenverzeichnis — 159

Vorwort

Ich lernte Ayya Khema 1987 im indischen Bodhgaya kennen; sie war eine der drei Initiatorinnen der Ersten Internationalen Frauenkonferenz und sie sprach von ihrem Wunsch, wieder in Deutschland zu leben. Als Ayya Khema zehn Jahre später, im Herbst 1997, in einer Klinik im Allgäu an Krebs starb, war sie die bekannteste deutschsprachige Interpretin des Buddhismus. Was hatte Menschen in Deutschland zu dieser Frau hingezogen, die unter fremdländischem Namen und in einem Deutsch mit leicht schnoddrig wirkender Berliner Färbung die alten und doch zeitlosen Lehren des Buddha weitergab? Sie war Deutsche und Kosmopolitin, Jüdin und Buddhistin, Lehrerin und Mystikerin, Frau und in vielen Lehren fast jenseits von Geschlecht, besitzlose Nonne und Geschäftsfrau mit einem „Händchen" für Geld, die ihren Schülerinnen und Schülern bei ihrem Tod ein Zentrum, ein Kloster und einen blühenden Verlag hinterließ.

Aufgewachsen als behütete Tochter eines jüdischen Börsenmaklers im großbürgerlichen Berlin der zwanziger Jahre, entkommt sie mit 14 Jahren dem faschistischen Deutschland mit dem letzten Kindertransport und lässt sich erst mit 66 Jahren wieder in Deutschland nieder. Sie hat sie so ziemlich alles erlebt, was man im Leben an Höhen und Tiefen erfahren kann: Krieg und Verfolgung, Verlust von Angehörigen, von Heimat und Vermögen, aber auch zwei Ehen, Mutterschaft und viele Reisen. Ganz bürgerlich lebt sie als Hausfrau mit zwei Kindern in einem kalifornischen Bungalow, ganz alternativ als Globetrotterin mit ihrem zweiten

Mann und ihrem kleinen Sohn unterwegs in Südamerika und Asien. In Australien züchtet sie Pferde und baut biologisches Gemüse an. Schließlich wird sie mit 55 Jahren in Sri Lanka buddhistische Nonne und gründet dort unter anderem die berühmte Nonneninsel.

Ayya Khema, geboren als Ilse Ledermann, war Buddhistin mit Leib und Seele, und sie trug die braune Robe einer Nonne. Einer ihrer großen Vorzüge: Sie lehrte auf Deutsch. Ihre Rede war klar, prägnant und ungeschnörkelt. Für komplizierte, Nuancen liebende Großstadtgeister wirkten und wirken ihre Vorträge und die daraus entstandenen Texte in ihren zahlreichen Büchern manchmal zu einfach, zu schlicht, zu undifferenziert. Doch ihre Botschaft traf viele Menschen ins Herz. Ayya Khema hatte seit ihrer Begegnung mit dem Buddhismus Anfang der siebziger Jahre ein Grundthema: Erwachen, und zwar in diesem Leben. Diese klare Botschaft vermittelt sie den Menschen unserer Zeit, die nach Orientierung suchen: Erleuchtung ist möglich, und zwar im Alltag. Es gibt Methoden, die uns auf diesem Weg unterstützen, und wir können sie kennen lernen und ausprobieren. Ayya Khema eröffnete vielen Menschen einen ersten Zugang zu Lehren und Übungen des Buddha. Sie besaß die große Gabe, komplexe Themen in einfache, nachvollziehbare Übungen umzusetzen, die wirklich funktionieren. Im vorliegenden Buch sind zentrale Gedanken und Texte von Ayya Khema zusammengestellt, ausgewählt aus Büchern, die parallel zu ihrer Lehrtätigkeit im letzten Jahrzehnt ihres Lebens entstanden sind auf der Basis der Vorträge, die sie in Deutschland vor ihren Schülerinnen und Schülern gehalten hat.

Ayya Khema fiel das Meditieren leicht. Sie hatte – wie sie selbst oft betonte – eine natürliche Begabung für die

Ausrichtung ihrer Energie auf das, was ihr am Herzen lag, für das Studium der Lehren und für die Sammlung in der Meditation. Als sie in Deutschland zu lehren beginnt, bringt sie tiefe Meditationserfahrungen mit. Sie weiß seit 1983 um ihre Krebserkrankung – aber sie weiß nicht, wie viel Zeit ihr noch bleibt. Das ist der Hintergrund ihrer klaren Botschaft von der Möglichkeit des Erwachen in diesem Leben, und das gibt ihren Lehren auch eine gewisse Strenge und Eindringlichkeit.

Der Buddha hat viele Lehrreden gehalten: nicht weil er so viel Unterschiedliches zu sagen gehabt hätte, sondern weil er immer sehr genau hinschaute, wer ihn um Rat bat. Wer heute buddhistische Lehren verstehen möchte, sollte sich immer ihren Kontext klarmachen. Das gilt auch für die Vorträge von Ayya Khema, die oft in mehrtägigen Schweigekursen gehalten wurden. Ihre Zuhörerinnen und Zuhörer haben nicht nur Vorträgen und Anweisungen gelauscht, sondern diese dann in vielen Stunden täglicher Meditation auch ausprobiert und eingeübt. Wer ausgiebig „Liebende-Güte-Meditation" übt, kann mit Leib und Seele erleben, dass negative Gefühle weh tun und gleichzeitig einen neuen, liebevolleren Umgang mit sich selbst und dann auch mit anderen lernen.

Ayya Khema hat die Lehre des Buddha so tief aufgenommen und verwirklicht, dass sie über weite Strecken vom höchsten Ziel, der endgültigen Befreiung spricht. Dieses Ziel ist mit dem Verstand allein, etwa durch Lesen und Nachdenken, nicht zu begreifen. Davon können Bücher vielleicht eine Ahnung vermitteln und eine tiefe unaussprechliche Sehnsucht bewusst werden lassen. Doch Bücher über Meditation sind bestenfalls wie Kochbücher oder wie Noten. Nur wer selber isst und wer Musik hört, wird erfahren, wie die Suppe schmeckt oder die Musik klingt. Ayya Khema hat in ihren Kursen einen Weg beschrieben. Wer übt und meditiert, kann den aufgezeigten Frieden im Herzen auch erleben.

Wir können die Texte von Ayya Khema am besten dann begreifen, wenn wir uns selbst anschauen. Wo stehe ich gerade? Was sind meine Sehnsüchte, meine Möglichkeiten und Grenzen? Spitzensportler können durch ausdauerndes Training ihren Körper zu ungewöhnlichen Leistungen und optimaler Kraft bringen. Menschen, die eher unsportlich sind oder sich nicht gerne bewegen, erwarten von der Lektüre eines Buches über sportliche Höchstleistungen nicht, dass sie nach kurzer Zeit Ähnliches vollbringen können. Solche Bücher können bestenfalls dazu motivieren, sich in einem Fitnessclub anzumelden. Uns ist dabei aber klar, dass nur sanftes und regelmäßiges Training mehr Beweglichkeit oder bessere Gesundheit bringen.

Menschen, denen ihre geistige Entwicklung am Herzen liegt, können einiges für die Entwicklung von Weisheit und Güte tun. Ayya Khema weist uns in ihren Vorträgen auf die Möglichkeiten für geistige Höchstleistungen hin. Im Spiegel ihrer Vorträge können Sie überprüfen, wo Sie selbst stehen. Lassen Sie sich dann nicht von dem von Ayya Khema aufgezeigten Ideal entmutigen – begreifen Sie es als langfristige Orientierung. Niemand wird nach der Lektüre sofort tiefe Ruhe und Klarsicht entwickeln, in tiefer Weisheit sein Leben führen und unendliches Mitgefühl für alle Lebewesen entwickeln. Niemand kann „einfach" seine schlechten Angewohnheiten durchschauen und dann loslassen, wozu Ayya Khema so oft auffordert. Aber es ist gut, Methoden und Wege zu kennen, mit deren Hilfe man sich selber besser verstehen lernt. Dann kann man auch mit sich und anderen geschickter und liebevoller umgehen.

Die Lehren richten sich an unterschiedliche Menschen, und nicht alle Anweisungen passen zu jedem. Mit einer guten Selbsteinschätzung kann man sich realistische Ziele setzen und dann auch wirksam mit der eigenen Struktur arbeiten. Die Aufforderung „stärkt euer Ego nicht länger" oder „lasst euer Ego los", zieht sich wie ein roter Faden durch alle Texte von Ayya Khema. Bitte verstehen Sie diese Sätze nicht falsch. Wer wenig Selbstachtung hat, die eigenen Grenzen nicht spürt und dazu neigt, sich selber herabzusetzen und andere zu bewundern, ist mit Sicherheit nicht besonders „weit fortgeschritten" auf dem Weg. Buddhistische Lehren und Übungen helfen zu begreifen, wie das „Ich" funktioniert und welche Vorstellungen wir damit verbinden. Ayya Khema zeigt auf, wie falsche Ich-Vorstellungen zu unangemessenen Erwartungen an uns selbst, an andere Menschen und die Welt führen. Das zieht nicht nur die allseits bekannten Enttäuschungen nach sich, sondern verhindert auch tiefes Verstehen. Falsche Ich-Vorstellungen stehen dem Erleben tiefen Friedens, dem Durchbruch zu absoluter Wahrheit oder Wirklichkeit im Weg. In unserem Kulturkreis würden wir vielleicht von einer Gotteserfahrung sprechen. Falsche Vorstellungen müssen erkannt und überwunden werden, und dazu müssen wir psychisch einigermaßen stabil und ausgeglichen sein. Die buddhistischen Lehren und auch Ayya Khema selbst sprechen nicht darüber, wie ein „gesundes Ich" funktioniert. Buddhistische Übungen stärken aber indirekt alle Fähigkeiten, die moderne Psychologen als „gesunde Ich-Funktionen" klassifizieren würden: Ausdauer, Frustrationstoleranz, Humor, Flexibilität usw. Eine Empfehlung: Wenn Texte oder Anweisungen Sie inspirieren, Ihr Selbstvertrauen stärken und zur Umsetzung im Alltag motivieren, sind sie für Sie geeignet. Wenn Sie Ärger und Selbstzweifel oder Minderwertigkeitsgefühle auslösen – das Gefühl „ das schaffe ich ja sowieso nie" – dann sind sie für einen anderen Geist oder für einen anderen Zeitpunkt geschrieben.

Ich möchte mit einem Wunsch schließen, der Hindus, Christen und islamischen Sufis zugeschrieben wird und den Ayya Khema oft zitiert hat: Mögen die hier zusammengestellten Gedanken von Ayya Khema Sie inspirieren, das zu verändern, was Sie verändern können, das anzunehmen, was nicht zu verändern ist, und mögen ihre Worte die Weisheit in Ihnen nähren, zwischen beidem zu unterscheiden.

Jütchendorf im März 2001
Sylvia Wetzel

1
LIEBE:
HINGABE ÖFFNET DAS HERZ

Die Liebeswaage ist noch nicht erfunden

Hier bin ich und dort ist der andere: Diese Trennung und Abgrenzung machen es uns unmöglich, uns vollkommen hinzugeben. Denn, wenn ich mich in meiner Begrenzung empfinde, wie kann ich mich dann hingeben? Dieselbe Schwierigkeit besteht bei Blumen, Wiesen und Wäldern. Manchmal sagen wir, dass es uns leichter fällt, Tiere oder die Natur zu lieben. Das ist verständlich, denn diese antworten wenigstens nicht. Aber es handelt sich um dieselbe Schwierigkeit, dass wir uns von ihnen getrennt fühlen. Diese Separierung von anderen gibt uns immer wieder das Gefühl und das Erleben der Dualität, die wir im Allgemeinen die Marktplatzmentalität nennen. Das bedeutet, dass wir etwas geben und Gleichwertiges zurückbekommen möchten.

Nun stelle man sich das bei Liebe vor, und jeder hat sicher schon einmal in der Weise gedacht: „Wenn ich so viel liebe, dann will ich auch genauso viel zurückgeliebt werden." Wer soll das abwägen? Die Waage ist noch nicht erfunden, wäre auch sinnlos, dennoch wird es immer wieder gemacht. Diese Dualität ist auf einer optischen Täuschung aufgebaut, die aber so stark ist, dass sie jeder glaubt. Wir können nur üben und praktizieren, um über diese optische Täuschung hinwegzukommen.

Vielleicht können wir uns erst einmal klar werden, dass das Gefühl der Dualität und Separierung die Grundlage für jedes Problem bildet. In der Dualität gibt es morgen und gestern, du und ich, wir und sie, haben und nicht haben, mehr sein, anerkannt werden … All das spielt sich auf der Marktplatzebene ab, die wir alle genau kennen, und mit der wir natürlich zu gewissen Zeiten gezwungenermaßen leben müssen.

Aber wir merken eines Tages, dass uns diese Bewusstseinsebene nicht volles Glück bringen kann. Die Erkenntnis, dass es mehr als eine Bewusstseinsebene gibt, ist die Öffnung zur Transzendenz. Selbst wenn wir uns nicht immer auf einer höheren Bewusstseinsebene befinden können, weil wir uns mit unseren täglichen Verpflichtungen und dem Lebenserwerb abgeben müssen, so haben wir doch ein ganz anderes inneres Gefühl, wenn wir wenigstens von ihr wissen.

Aus: Liebe, S. 12–14

Hingabe öffnet das Herz

Wenn die innere Sehnsucht stark genug wird und wir wissen, dass die Welt sie uns nicht erfüllen kann, kommt der Moment, wo uns klar wird, dass wir uns selbst ändern müssen.

Dann nehmen wir uns vielleicht vor, nicht mehr etwas bekommen zu wollen, sondern uns hinzugeben. Hier erleben wir dann den Umbruch in unserer Lebenseinstellung. Wenn wir uns nicht wenigstens zeitweilig hingeben können, ist es unmöglich, mit dem Denken aufzuhören, denn das Denken bestätigt unsere Ich-Illusion. Solange wir denken, haben wir die Bestätigung, dass wir jemand sind. Aber in dem Moment wo wir gewillt sind, uns hinzugeben, wird Meditation möglich. Dadurch haben wir uns den Weg zur Herzensöffnung gebahnt, wo uns das Erleben des Eins-Seins leichter fällt und somit unser ganzes Leben eine neue Richtung erfährt. Die innere Schwere ist aufgehoben, und das liebende Herz wird unser Mittelpunkt.

Wir können dann unsere Zusammengehörigkeit tief in uns spüren. Wenn wir gewillt sind, uns hinzugeben, ist es möglich, die Erfüllung in uns selbst zu finden. Diesen Weg sind die Mystiker aller Zeiten gegangen. Und hierin sind sich alle spirituellen Meister einig, wenn sie sagen: „Gebt eure Ichbezogenheit auf. Nur wer sein Leben hingibt, kann das „Ewige Leben" gewinnen." Leider ist es dennoch schwer zu verwirklichen. Hingabe ist nicht einfach. Wieso ist das so? Wir sind misstrauisch, und wir haben Zweifel. Es könnte etwas Falsches sein, dem wir uns anvertrauen. Sich der Schöpfung, dem All, ohne Rückhalt auszuliefern und in dem Strom des Seins zu fließen, kann uns jedoch nur zum Glück führen. Wir sind intelligente Menschen, und dies zu verstehen, ist nicht so schwierig, aber es nachzuvollziehen benötigt viel Willens- und Entschlusskraft. Aber die Schwierigkeit ist eine Herausforderung und ihr einmal Rechnung zu tragen, ermöglicht uns, ein ganz anderes Innenleben kennen zu lernen. Woran die Welt festhält, kann uns dann nicht mehr berühren, denn wir fühlen eine Befreiung des Herzens und des Geistes. Der Weg des Buddha ist der Weg der Erlösung. Jeder spirituelle Weg muss ein Weg der Befreiung sein, des Loslösens von der Schwere und den Schwierigkeiten, die die Menschen, solange sie an ihrem eigenen „Ich" unwiderruflich festhalten, plagen.

Aus: Spiegel, S. 95f

Liebe kann man lernen

Auch Liebe ist erlernbar. Wenn wir meditieren wollen, müssen wir die Konzentration erlernen und üben. Dazu müssen wir auch Liebe üben, denn diese beiden gehören zusammen. Liebe ist die Fähigkeit, uns voller Geduld und Vertrauen hinzugeben, was eine unerlässliche Vorbedingung für die Meditation ist. Wenn wir gewillt sind, das Verschenken unseres Herzens zu üben, ändert sich unser Alltagsleben beinahe sofort.

Aus: Hohelied, S. 25

*Nur ein grenzenloses Herz
kann grenzenlose Wirklichkeit erfahren*

Wenn wir selbst eine Familie haben, ist es nicht schwer festzustellen, was wir für die eigenen Kinder fühlen, und dann können wir unsere Liebe für alle anderen Menschen damit vergleichen. Der Unterschied ist so gewaltig, dass dies wohl keinem Menschen entgehen kann. In unserer Gesellschaft wird es als natürlich angesehen, dass dies so ist. Jede Mutter weiß genau, mit wie viel Angst ihre Liebe für ihre Kinder durchsetzt ist. Die eigenen Sprösslinge müssen unbedingt am Leben bleiben, in jeder Hinsicht in Ordnung sein und im Leben ihren Weg machen. Die meisten Mütter, wenn nicht alle, haben in ihrer Liebesbeziehung zu ihren Kindern dadurch große Schwierigkeiten. Ihr Herz zittert und findet keinen Frieden. Aus den Lehrreden des Buddha können wir entnehmen, dass alle Menschen auf dieser Welt schon unsere Kinder waren oder einmal sein werden. Das macht unsere Beziehung zueinander um vieles einfacher. Wenn wir uns vorstellen, dass jeder Mensch, den wir treffen, vielleicht schon einmal unser Kind war oder sein wird, dann sind alle Schwierigkeiten viel leichter zu ertragen. Wir können erdulden, hoffen und den Menschen glauben.

Wenn wir uns immer nur auf diejenigen Menschen konzentrieren, die jetzt in unserer Familie sind, begrenzen wir unsere Liebesfähigkeit so, dass unser Herz sich mehr und mehr zusammenzieht. Es kann sich dann nie ins Unendliche erweitern. Erst das grenzenlose Herz ohne Beschränkungen ermöglicht uns, die Wirklichkeit in uns selbst zu erkennen, so dass die Menschen, die Welt, das Universum sich in der Tiefenperspektive zeigen, die uns zur absoluten Wahrheit führt. Mit der Begrenzung unseres Herzens für einige wenige Kinder oder Menschen können wir das nicht, denn wir ziehen scharfe Grenzen. Dort ist unsere Welt zu Ende.

Aus: Hohelied, S. 23f

Wahrheit und Liebe gehören zusammen

Es ist eine allgemeine Schwierigkeit, dass Ehrlichkeit uns selbst gegenüber nicht genügend geübt wird und wir uns daher in einem Rollenspiel verlieren. Es ist äußerst anstrengend, andauernd sich selbst und anderen etwas vorzugaukeln. Wahrheit gehört zu Liebe, weil beide die tiefsten Gefühle des Herzens ansprechen. Vielleicht erkennen wir daraus auch die Möglichkeit, die wahre Liebe in uns zu erwecken. Sie wird zwar immer so hingestellt, als ob sie von der oder dem Richtigen abhängig wäre. Die meisten Menschen haben sicher schon gemerkt, dass das gar nicht der Fall ist. Wahre Liebe bedeutet, unser Herz so zu erleben, dass es Liebe empfindet, ganz gleich, mit wem wir zusammen sind oder ob überhaupt jemand da ist. Wahre Liebe ist nicht ängstlich. Anhaftende Liebe hat Angst vor Verlust, weil wir glauben, dass Liebe von der Gegenwart bestimmter Menschen abhängig ist. Das ist nicht die Wahrheit der Liebe, sondern Anhänglichkeit. Wahre Liebe ist Hingabe.

Aus: Hohelied, S. 22

*Unsere Herzen sind Grenzübergänge
mit Passkontrollen*

Unsere ganze Welt spiegelt unser Bedürfnis nach Abgrenzung wider. Wir müssen uns überall ausweisen, um beispielsweise Geschäfte tätigen oder andere Länder bereisen zu können. Wir brauchen einen Pass, ein Visum oder einen Ausweis, um hereingelassen zu werden. Wenn wir solche Papiere nicht haben, gibt es große Schwierigkeiten. In ähnlicher Weise verbauen wir auch unsere Herzen mit einem Grenzübergang, an dem ein jeder sich ausweisen muss, bevor wir ihm Zutritt gewähren. Wenn er nicht die richtigen Eigenschaften und die passende äußere Erscheinung präsentiert und unsere Sprache nicht spricht, lassen wir ihn einfach nicht herein. Auch die richtige Hautfarbe, Religion, Erziehung und Kultur sollte er mitbringen. Wir verwenden viel Zeit und Energie auf diese „Grenzkontrolle" und lassen sehr wenige Menschen herein. Und als exaktes Abbild unseres Herzens hat sich unsere Welt entwickelt.

Aus: Ohne mich, S. 104

Durch die Liebe frei sein

Warum funktioniert Liebe nicht so, wie wir uns das vorstellen? Weil sie nicht auf Selbstlosigkeit aufgebaut ist, die sie einfach aus unserem Herzen fließen lässt. Die Liebe, die der Buddha lehrt und erklärt, ist eine Herzensqualität, die wir in uns entwickeln können und müssen, wenn wir wirklich glücklich sein wollen. Sie hat nichts mit dem Empfänger zu tun, denn das würde uns ja wieder in ein Abhängigkeitsverhältnis bringen und zum Sklaven unserer Reaktionen machen. Abhängige Liebe verursacht ein Gefühl der Gebundenheit. Wir möchten frei sein; sind wir aber auch bereit, das loszulassen, was uns bindet? Solange wir jemanden suchen, der uns zurückliebt, sind wir gefesselt. Dennoch glauben wir, dadurch unser Glück und unseren Lebenszweck zu finden, und nehmen die Schwierigkeiten in Kauf, die sich durch das Gebundensein und die Angst entwickeln.

Aus: Ohne mich, S. 100

Wenn das Herz sich öffnet, sind wir zu Hause

Je reicher die Menschen sind, desto eher betrachten sie ihre Privilegien und Vorzüge als eine Selbstverständlichkeit. Wenn wir uns bester Gesundheit erfreuen und das Leben uns zudem mit vielen günstigen Gelegenheiten beschenkt, nehmen wir diese wahrscheinlich ebenfalls für selbstverständlich. Was nicht gerade unsere Zufriedenheit mehrt. Zufriedenheit wächst vielmehr aus der Dankbarkeit, die wir für alle positiven Lebensumstände fühlen.

Wir können nirgendwo zu Hause sein, wenn wir uns nicht selbst Zuflucht und Heimat sein können; wenn wir uns nicht entspannen, in uns keine Ruhe finden können. Wo unser Herz ist, fühlen wir uns zu Hause, nicht wo unser Körper ist.

Deswegen sind wir endlich zu Hause angekommen, sobald das Herz sich öffnet, sobald sich ein Gefühl der Wertschätzung einstellt, sobald wir dankbar, zufrieden, erleichtert und sorglos sind. Wenn wir uns so fühlen, sind wir überall auf diesem Erdball, ja überall im ganzen weiten Universum zu Hause.

Aus: Insel, S. 97

Niemand bringt uns bei, uns selbst zu lieben

Wenn wir Schwierigkeiten haben, für uns selbst Liebe zu empfinden, so ist das nichts Ungewöhnliches; nirgends wird so etwas gelehrt. Im Gegenteil, es wird häufig behauptet, dass es selbstsüchtig sei, sich zu lieben. Aber Selbstsucht, wie das Wort ganz deutlich sagt, ist eine Sucht, das Selbst zu behaupten, als Wichtigstes zu sehen und ist nicht das Gleiche wie Liebe. Selbstsucht und Liebe sind kaum verwechselbar, aber da wir ja in der Beziehung überhaupt kein Training haben, so ist es verständlich, dass wir das durcheinanderbringen.

Aus: Glück, S. 80f

Lernen, sich selbst zu lieben

Wir müssen uns darüber klar sein, dass alle Anweisungen des Buddha einen Idealzustand erklären, der möglich, zwar jetzt im Moment noch nicht in uns vorhanden, aber durch Übung realisierbar ist. Wenn wir jetzt im Moment keine liebende Güte für uns selbst empfinden, dann bleibt nichts anderes übrig als zu üben. Es ist möglich, dass der Geist, der keine liebende Güte für sich selbst empfindet, Geschichten erzählt, und zwar: „Ich kann keine liebende Güte für mich selbst empfinden, weil ..." Dann gibt es so eine Liste von immer wiederkehrenden Gründen, die dagegen sprechen: „Meine Mutter, mein Vater, meine Geschwister, mein Leben, mein Partner, meine Gesundheit." Alles hat irgendetwas damit zu tun. Negative Erfahrungen erschweren es, sich selbst zu überwinden, aber sie machen es auf keinen Fall unmöglich. Wenn Änderung unmöglich wäre, dann wäre es sinnlos zu praktizieren, dann hätte der Buddha nicht 45 Jahre seines Lebens gelehrt, und diese Tradition wäre nicht 2500 Jahre am Leben geblieben. Immer wieder ist die Möglichkeit der Veränderung erlebt worden.

Aus: Glück, S. 80

Selbstliebe heißt:
mütterlich mit sich umgehen

Andere zu lieben fällt uns genauso schwer, wie uns selbst zu lieben. Es ist im Grund ein und dieselbe Schwierigkeit. Jeder hat Fehler, jeder schleppt charakterliche Mängel mit sich herum. Wir selbst nicht weniger als jeder andere auch. Deswegen kann Selbstliebe nicht bedeuten, dass wir stolz auf uns sind und uns falsche Vorstellungen von unseren eigenen Fähigkeiten machen. Uns selbst lieben heißt, dass wir liebevoll, sorgsam und mütterlich mit uns umgehen. „Gleich einer Mutter, die das eigene Kind, ihr einziges Kind, beschützt mit ihrem Leben."

In reiferem Alter ist es an der Zeit, dass wir unsere eigene Mutter werden. Diese Art von Liebe kann sehr wirksam sein. Wenn wir uns selbst damit beschenken, können wir sie auch auf andere ausdehnen. Dann fühlen wir uns innerlich ausgeglichen, unterliegen nicht mehr dem ewigen Auf und Ab, dem ewigen „Ich-will", „Ich-will-nicht", „Das-akzeptiere-ich-nicht".

Aus: Insel S. 133f

Wer lieben lernt,
hat den Sinn des Lebens gefunden

Lieben ist Schenken, Von-Sich-Selbst-Geben. Je mehr wir uns selbst verschenken können, desto leichter fällt uns das Lieben. Wir brauchen keine Bestätigung. Wenn wir das Herz voll Liebe haben, sind wir bestätigt. Wir brauchen niemanden, der uns sagt, dass wir liebenswert sind. Und wenn uns jemand sagt, dass wir nicht liebenswert sind? Auch das ist kein Grund zur Trauer, sondern nur Worte, mit denen wir nichts weiter zu machen brauchen. Der Ärger, den wir um uns verbreiten, die Ablehnung, die Feindseligkeiten, alles existiert im Weltall, im kosmischen Bewusstsein. Wollen wir wirklich die Negativitäten noch vergrößern? Oder wollen wir die Liebe, das Glück, die Freude vergrößern? Wenn wir das Letztere wollen, dann haben wir eine hochinteressante Lebensaufgabe; aber nicht nur das, wir haben einen Lebenssinn gefunden, der den meisten Menschen heutzutage abhanden gekommen ist. Dass unser Lebenssinn nicht materiell ist, weiß wohl jeder. Aber worin besteht er stattdessen? Nicht bekommen wollen, sondern schenken und diese Welt um eine Kleinigkeit schöner und reiner verlassen, als wir sie vorgefunden haben.

Aus: Glück, S. 64f

Worte verwandeln sich in ein Gefühl

Es ist verhältnismäßig einfach, Menschen im fernen Afrika und China zu lieben. Aber lieben wir sie wirklich oder ist das nur ein Wort? Das Wort muss Gefühl werden. Bei der Liebenden-Güte-Meditation können es am Anfang nur Worte sein, aber sie verwandeln sich eines Tages in ein Gefühl. So müssen wir immer wieder üben, bis das stattfindet. Das Liebesgefühl ist ausfüllend und daher auch in gewisser Weise erfüllend. Menschen, die einen tiefen Glauben haben, der mit Liebe verbunden ist, haben häufig das Gefühl der Erfüllung. Sie brauchen nicht weiter zu suchen, denn die Liebe zu ihrem Glauben erhebt sie schon aus der Alltagsebene. Der Buddha hat gesagt, dass wir durch die unpersönliche, bedingungslose Liebe, wenn sie immer vorhanden ist, erleuchtet werden können, aber ohne sie den Weg nicht finden.

Aus: Glück, S. 60

Unabhängig, umarmend und beschützend

Wenn uns jemand liebt, dann erleben wir nichts anderes als Selbstbestätigung und spüren noch lange keine Liebe in uns und strahlen sie auch nicht aus. Vielleicht sind wir in der Lage zu lieben, wenn ein spezieller Mensch vorhanden ist, was häufig der Fall ist. Das Glück unseres Herzens kann uns jedoch nur erfüllen, wenn es unabhängig ist. Abhängigkeit ist gleichbedeutend mit Unfreiheit. Der spirituelle Weg führt zur Freiheit, zur Freiheit von jedem Druck, jedem Stress, führt zum Loslassen von allem, was wir glauben, haben zu müssen, um unser Ich zu bestätigen.

Nun begegnen wir hier auch wieder einer Schwierigkeit, die für intelligente Menschen immer hochkommt; es ist einfach kaum zu vermeiden. Wir können das alles hundertprozentig verstehen und dem auch zustimmen. Aber können wir es tun? Können wir in unser Herz hineinschauen und erkennen, was wir empfinden? Wenn wir negativ oder ablehnend reagieren, in irgendeiner Weise nicht liebend, so ist die Freude des Erkennens und die Möglichkeit des Ersetzens gegeben. Wir merken auch ganz deutlich, dass wir nicht glücklich sind, wenn wir lieblos empfinden.

Am Abend jedes Tages können wir Bilanz ziehen: Wie oft am Tage habe ich geliebt? Wie oft war ich ablehnend oder gleichgültig? Wie oft war ich glücklich? Wie oft schien mir alles neutral, und wie oft fühlte sich die Stimmung grau an und wurde immer grauer, trotz der herrlichen Landschaft, trotz des brillanten Sonnenscheins? Die Gemüter der Menschen sind im Allgemeinen grau. Ab und zu fällt ein Sonnenstrahl hinein und dieser Sonnenstrahl heißt Liebe. Und weil wir glauben, dass dieser Sonnenstrahl von der Sonne abhängig ist, das heißt von irgendeinem Menschen, bringen wir uns in ein Abhängigkeitsverhältnis. Von den Emotionen anderer Menschen abhängig zu sein, ist eine Katastrophe, denn wir schwanken ja schon durch unsere eigenen Emotionen. Abhängigkeit erzeugt ein Gefühl, als ob wir ein Blatt wären, das vom Wind hin und her gerissen wird. So können wir nie zur Ruhe kommen. Lieben möchte im Prinzip jeder, aber verwechselt das mit Geliebtwerden.

Es ist eine ganz wichtige Unterscheidung, die man nur im eigenen Gefühlsleben erkennen kann.

Wenn wir jetzt lernen wollen, unabhängig, bedingungslos und unpersönlich zu lieben, so bedeutet das nicht, dass wir dann die einzelnen Personen, die angeblich „mein" sind, nicht mehr lieben können. Im Gegenteil, wir können sie so lieben, dass sie total frei von jedem Druck sind und von jeglicher Erwartungshaltung unsererseits. Dann können wir einmal spüren, was es bedeutet, das Gefühl der Liebe im Herzen wirklich entwickelt zu haben. Es bedeutet Herzenswärme, die umarmend und beschützend ist.

Aus: Glück, S. 54–56

Wir können erst lieben, wenn wir uns sicher fühlen

Der Buddha erklärt, welche Umstände notwendig sind, um im Umgang mit dem Heilsein geschickt zu werden und den Zustand der Friedfertigkeit zu erlangen. Diese beiden sind die Grundlage für das Wichtigste in dieser Rede, nämlich die Art und Weise, wie wir uns anderen Menschen nähern sollen. Aber als erstes muss man für sich selbst etwas tun. Es nützt nichts, „Liebe, Liebe" zu sagen oder zu denken, wenn wir nichts zu unserer eigenen Läuterung beitragen.

Der Buddha hat fünfzehn Voraussetzungen aufgezählt, die wir erfüllen müssen, um den Menschen in unserem Umfeld und der ganzen Welt liebend zu begegnen. Sie beginnen mit „er sei fähig". Man muss also Fähigkeiten entwickeln und sich nicht von anderen abhängig machen. Man soll sich auf sich selbst verlassen. Diese Selbstverlässlichkeit schenkt Selbstvertrauen, und das schafft wiederum ein Gefühl von Sicherheit. Wir können erst dann lieben, wenn wir uns sicher fühlen. Solange wir auf andere angewiesen sind, um zu überleben und die notwendigsten täglichen Aufgaben zu verrichten, solange wir von ihrer Hilfe, ihrem Beistand, ihrem Wohlwollen abhängig sind, werden wir in ständiger Angst leben, dass sie uns verlassen könnten. Angst kann keinen Frieden aufkommen lassen. Wir sind alle voneinander abhängig, aber die Angst, verlassen zu werden oder nicht gut genug für uns selbst sorgen zu können, schafft eine ganz andere Situation. Weil wir uns so unsicher fühlen, kann sie so angsterfüllt werden, dass wir uns mit recht demütigenden Bedingungen zufrieden geben, nur damit es irgendwie weitergeht. Das führt nicht zum Frieden.

Aus: Ewigkeit, S. 116

Langsamer werden

Wir können lernen, alle Menschen zu lieben, ganz gleich, was sie sagen. Sie sagen nämlich fünf Minuten später wieder etwas ganz anderes. Wir brauchen nur ein bisschen Geduld, und schon ist das ganze Ärgernis vorbei. Das heißt, auch uns selbst zu verlangsamen. Wir machen langsame Gehmeditation, wir haben keine Eile, irgendwo hinzukommen. Wir können ruhig langsam sein und schaffen dennoch alles. Was haben wir denn eigentlich zu schaffen? Wir sind alle auf dem Weg zum Friedhof, wozu die Eile? Wir kommen garantiert hin, ob wir uns beeilen oder nicht. Wir haben also zuerst einmal die Übungsobjekte, die bei uns im Hause wohnen. Und wenn der Geist sagt: „Aber das ist ja nun eine Nummer zu groß, da ist einer, den man unmöglich lieben kann!" Nicht glauben! Der Geist erzählt alles mögliche. Und sehr häufig erzählt er Unsinn. Die Liebesfähigkeit ist nicht davon abhängig, was Menschen sagen, wie sie aussehen, ob wir sie schön oder hässlich finden, ob sie uns lieben, ob sie von uns geliebt werden wollen, nichts davon! Die Liebesfähigkeit im Herzen ist vergleichbar mit der Intelligenz im Geist. Sie ist entwickelbar.

Aus: Glück, S. 57

Liebe macht stark, nicht schwach

„Die Devas beschützen uns." Devas sind Wesen von anderen Daseinsebenen, Schutzengel. Jemand, der seine Liebe auf andere ausdehnt, wird beschützt. Manch einer wird dagegenhalten: „Behandeln dich andere schlecht und du reagierst mit Güte, dann werden sie dich für einen Weichling halten und dich übervorteilen." Tun sie das – und das ist wahrscheinlich, weil Menschen nun mal so veranlagt sind –, dann führt das zu schlechtem Karma. Aber ein gütiger Mensch kann niemals verlieren. Wie könntet ihr die Liebe verlieren, die ihr im Herzen tragt? Übervorteilt euch jemand, dann ist das wieder ein Augenblick, in dem sich erweist, was euer Herz gelernt hat: Empfindet ihr Groll, oder könnt ihr dem Betreffenden tatsächlich liebevoll und mit Herzensgüte begegnen? Wir können überprüfen, ob wir unsere Arbeit getan haben oder nicht. Natürlich schließt Liebe die Rücksichtnahme auf die Rechte der anderen ein. Einem Menschen, der andere übervorteilt, mangelt es an Liebe. Die Angst, Nachgiebigkeit zu zeigen, ist ein Trugschluss, weil Liebe Kraft gibt und nicht schwächt. Jemand, der von Liebe erfüllt ist, fühlt sich sicher und beschützt, vollkommen unbeschwert, weil nichts und niemand ihn erschüttern kann. Liebe macht stark, nicht schwach. Ist sie jedoch mit Leidenschaft verknüpft – oft wird fälschlich angenommen, dies müsse der Fall sein –, dann schwächt sie, weil sie Abhängigkeit erzeugt. Nur wenn man sie im eigenen Herzen empfindet und sie dort entwickelt hat, wird sie ein Fels in der Brandung sein. Der Schutz, der einem dann zuteil wird, beruht auf der eigenen Lauterkeit.

Aus: Ewigkeit, S. 49f

Das Herz braucht Übung

Das Herz muss geübt werden, weil es nicht über die natürliche Anlage verfügt, stets nur Güte zu empfinden. Von Natur aus ist Liebe wie auch Hass in ihm. Es trägt Widerwillen, Ablehnung, Groll und Angst in sich – und auch Liebesfähigkeit. Solange wir aber im Alltag nichts unternehmen, die Liebe zu mehren und den Hass zu vermindern, haben wir keine Chance, dieses friedvolle Gefühl der liebenden Güte zu erfahren.

Wenn man Liebe im Herzen hat – bedingungslose Liebe für andere –, verleiht dies dem Herzen Sicherheit. Man weiß, wie man reagiert. Man kann sich auf sich selbst verlassen. Man ist absolut zuverlässig und hat keine Angst. Man weiß, dass man so geübt ist, dass keine Reaktion von Hass, Zorn und Ähnlichem mehr den Frieden bedrohen kann. Das ist das hervorstechendste Resultat, wenn man liebende Güte im Herzen entwickelt hat.

Aus: Ewigkeit, S. 46

Liebende Güte kann man nur erfahren

Nennt ihr einem kleinen Kind das Wort Fluss, so wird es nicht wissen, was ihr meint. Legt ihr aber die Hand dieses Kindes in dahinströmendes Wasser, dann weiß es, was ein Fluss ist – ob es nun das Wort kennt oder nicht.

Das Gleiche gilt für die liebende Güte. Der Ausdruck an sich ist bedeutungslos. Erst wenn ihr spürt, wie sie eurem Herzen entströmt, werdet ihr wissen, worüber Buddha in so vielen Lehrreden sprach.

Aus: Ewigkeit, S. 42

Wie kann man Gott lieben?

Liebe zu Gott wird häufig missverstanden, weil es sich dabei um einen anderen handelt und wieder eine Dualität geschaffen wird. Da ist Gott und da bin ich, oder da ist *Nibbana* und da bin ich. Diese Dualität und Abgrenzung machen es dann äußerst schwierig oder sogar unmöglich, uns voll hinzugeben und wirkliche Liebe zu empfinden. Solange wir Liebe in der Dualität erleben, kann sie nicht die reine und wahre Liebe sein, das Größte, das in uns existiert.

Da wir alle vielleicht wenigstens ein- oder zweimal im Leben empfunden haben, was es bedeutet zu lieben, so ist uns dieses Gefühl nicht völlig fremd. Es ist nur wichtig, einen Schritt weiter zu gehen und nicht stehen zu bleiben, wo die Menschheit im Allgemeinen stehen bleibt, nämlich bei ihren Begrenzungen, Dualitäten und Separierungen. Auch das Gefühl, dass da etwas ist, das ich lieben kann, weil es liebenswert ist, bedeutet Bewertung und nicht Hingabe. Das ist übrigens bei den Worten „Gott" und „*Nibbana*" auch unklar. Wieso wissen wir denn, dass sie liebenswert sind? Wie haben wir das festgestellt? Wir kennen doch beides noch gar nicht. Wohl haben wir eine Idee, eine Sehnsucht, was auch hilfreich und richtig ist. Wir sehnen uns nach Vollkommenheit, doch wenn wir statt „Gott" oder „*Nibbana*" das Wort „Vollkommenheit" gebrauchen würden, würde es uns vielleicht viel klarer werden, was wir wollen.

Die Suche nach Gott haben wir im Allgemeinen den Mönchen und Nonnen überlassen, wenn überhaupt jemandem. Aber wenn wir unsere Suche als Wunsch nach Vollkommenheit bezeichnen, dann wird es uns vielleicht klarer, was unsere innere Sehnsucht ist. Wie können wir denn wissen, ob etwas überhaupt liebenswert ist, wenn wir es noch nie kennen gelernt haben? Es ist, als ob wir etwas ganz Fremdes lieben wollen und daher die Schwierigkeit des Liebens haben. Wie können wir etwas lieben, was wir nicht kennen? Daher sind die Worte „Liebe zu Gott" oder „Liebe zu *Nibbana*" einfach nur Ideen.

Aber wenn wir in uns selbst einmal spüren, dass wir eine tiefe innere Sehnsucht empfinden, die zu einer tanszendierenden Vollkommenheit und einem Totalitätsgefühl führen kann, mit dem wir alles umarmen können, dann haben wir vielleicht einen viel klareren Blick, was wir mit unserem Leben anfangen möchten.

Aus: Liebe, S. 15–17

Jesus und Buddha zeigen den Weg: die Liebe

„Ohne Hass und ohne Feindschaft,
nach oben, nach unten, in alle Richtungen.
Im Gehen, Stehen, Sitzen oder Liegen
entfalte man eifrig die bedingungslose Liebe:
dies nennt man Weilen im Heiligen.
Wer sich nicht an Ansichten verliert,
Tugend und Weisheit in sich trägt,
dem Sinnengenuss nicht verhaftet ist –
für den gibt es keine Geburt mehr."

Im Hinweis des Buddha in dieser Lehrrede geht es darum, die Liebesfähigkeit in unseren Herzen so zu entwickeln, dass wir vollkommen rein und geläutert sind und Liebe bedingungslos verschenken können. Das bedeutet heil zu sein oder im Heiligen zu verweilen. Alle vorangegangenen Erklärungen und Anweisungen zielen genau darauf hin. Wenn wir ihnen Schritt für Schritt folgen, können wir viel Segen um uns verbreiten. Dazu gehört, dass wir unsere eigenen Ansichten fallen lassen, um dem Heiligen in uns unser ganzes Herz schenken zu können. Absolut tugendhaftes Benehmen erfordert auch Weisheit, so dass wir erkennen können, dass unsere Sinnesgenüsse uns leicht eine Falle stellen. Wenn wir fähig sind, durch ständige Achtsamkeit auf unsere Gefühle und Gedanken vollkommene Reinheit in uns zu erarbeiten, dann gibt es für uns keine Geburt mehr auf der Ebene des Menschseins. Besonders interessant ist in diesem Zusammenhang das „Vaterunser". Dieses Gebet ist das Herzstück der Bergpredigt:

„Unser Vater im Himmel.
Dein Name werde geheiligt.
Dein Reich komme.
Dein Wille geschehe, wie im Himmel so auf Erden.
Unser täglich Brot gib uns heute.
Und vergib uns unsere Schuld,
wie auch wir vergeben unseren Schuldigern.
Und führe uns nicht in Versuchung,
sondern erlöse uns von dem Bösen.
Denn dein ist das Reich und die Kraft
und die Herrlichkeit in Ewigkeit."

(Matth. 6, 10–13)

Hier wird mit anderen Worten dasselbe ausgesagt, was wir schon vom Buddha gelesen haben:

Wenn wir unseren Eigenwillen, unsere eigenen Ansichten und Wünsche aufgeben, dann kommt das Reich Gottes, und wir leben in Heiligkeit. Auch unseren Schuldigern, die wir nicht lieben, vergeben wir, so dass wir die Reinheit des Herzens erleben und unsere Liebe bedingungslos verschenken können. Unsere Sinnesbegierden sollen uns nicht in Versuchung führen, so dass das Böse von uns fernbleibt.

Dann öffnet sich uns das Reich Gottes in alle Ewigkeit, und wir können die menschliche Ebene mit ihren Problemen und Schwierigkeiten hinter uns lassen.

Obwohl diese Hinweise, sowohl im Christentum als auch im Buddhismus, klar und deutlich den Weg zeigen, der zu Glück und Frieden führt, so fällt es uns dennoch unsagbar schwer, diesen Weg zu gehen. Unsere Begierden und Ablehnungen sind die Blockaden, verbunden mit festgefahrenen Ansichten und Meinungen und dem Glauben an eine persönliche Identität, von denen wir meinen, dass sie unter allen Umständen bewahrt werden müssten. Doch je mehr wir davon loslassen können, desto mehr öffnet sich der Zugang zum Heiligen oder Göttlichen.

> „Wie eng ist die Pforte und wie schmal
> der Weg, der zum Leben führt,
> und wenige sind's, die ihn finden."
>
> (Matth. 7, 13)

Aus: denken, S. 94–97

2
Leben:
Wir bekommen, was wir geben

Was ist Gott?

Was ist Gott, oder was glaube ich, was Gott sei? Wenn wir dem Gottesbegriff Begrenzungen oder Einschränkungen auferlegen, uns etwa einen persönlichen Gott vorstellen oder ihn vielleicht logisch erklären wollen, so können wir der Wahrheit nicht nahe kommen. Wir können höchstens solche Worte verwenden, die unser Bewusstsein zu einer Gotteserfahrung hinführen sollen. Gott ist im Prinzip unsere wahre Natur, und jeder von uns ist Sohn oder Tochter Gottes. Wir sind uns darüber nur nicht im Klaren, weil wir das Göttliche in uns noch nicht erkannt haben. Meister Eckhart nennt es den „göttlichen Funken", der Buddha nennt es den „Samen der Erleuchtung".

Aus: Hohelied, S. 62

Jeder Tag ist abends unwiederbringlich vorbei

Wenn der Tag abläuft, wird er natürlich älter, und wir selbst werden müder, und am Abend geschieht der kleine Tod des Schlafes. Sind wir uns klar darüber, dass dieser eine Tag unwiederbringlich ist, dass es ihn nur einmal gibt? Haben wir ihn wirklich zu guten Zwecken genutzt, oder haben wir die Zeit verschwendet, indem wir nichts weiter getan haben, als unser „Ich" durch mehr Wissen, mehr Können, mehr Wollen, mehr Denken zu bestätigen? Oder haben wir wirklich erkannt, dass uns nur die Idee, dass wir wirklich jemand sind und noch dazu jemand Wichtiges, von der Erkenntnis des reinen Lichtes abhält? Das ist das einzige, was uns die Wahrheit verschleiert.

Aus: Weihnachten, S. 74f

Ehrlich sein zu sich selbst

Es ist nicht leicht, sich selbst gegenüber ehrlich zu sein. Die meisten Menschen laufen mit Scheuklappen herum, unfähig, sich selbst von allen Seiten zu betrachten. Uns selbst so zu sehen, wie andere uns sehen, erfordert ein hohes Maß an Klarblick. Damit ist jedoch keinesfalls gemeint, dass wir uns tadeln oder selbst beschuldigen, sondern dass wir uns um ein unparteiisches Erkennen von uns selbst bemühen sollen. Die Formel dafür lautet: „Erkennen, nicht tadeln, ändern!" Sich tadeln oder kritisieren sind negative Emotionen, und wenn wir uns selbst beschuldigen und tadeln, werden wir dies zwangsläufig auch bei anderen tun.

Sich selbst gegenüber ehrlich zu sein, bedeutet etwas wie ein Detektiv zu sein. Wir versuchen herauszubekommen, was genau uns dazu bringt, in der Weise zu agieren und zu reagieren, wie wir es tun. Viele Menschen erfreuen sich an Detektivgeschichten; auf diese Weise den inneren Detektiv zu spielen, kann sehr aufschlussreich und für uns von großem Nutzen sein.

Aus: denken, S. 25f

Alles braucht seine Zeit

Wir hegen übertriebene Erwartungen, was unsere Fähigkeiten betrifft, und hassen es, wenn die Realität anders aussieht. Inzwischen sollten wir doch wirklich erleuchtet sein! Zwei Stunden sollten wir jetzt aber sitzen können! Auf Schlaf sollten wir verzichten können! Wir halten uns ständig vor, was wir „sollten". Gedanken solcher Art werden auf andere übertragen, und wir werden ungeduldig über deren Unzulänglichkeiten.

Geduld darf nicht zur Selbstgefälligkeit führen. Ein sehr geduldiger Mensch hat die angenehme Eigenschaft. Ist nicht genügend Einsicht oder Weisheit vorhanden, dann schlägt die sogenannte Geduld leicht um in Selbstgefälligkeit. Man denkt, dass man sich alles erlauben kann, und das ist natürlich falsch. Es ist Weisheit notwendig, Geduld zu einer Tugend zu machen. Anzunehmen, was geschieht, wohl wissend um den ständigen Fluss, und dazu noch die Energie aufzubringen, sich immer wieder auf das Wachsen nach oben auszurichten – darum geht es.

Ein selbstgefälliger Mensch wird etwa seine Kleidung betrachten und bemerken, dass diese schmutzig ist. Er wird sich denken, dass alle Kleidung verschmutzt und mit den Schultern zucken. Das ginge jedoch zu weit. Oder ein anderer würde sehen, dass sein Zimmer unordentlich ist, und das auch abtun. Jemand, der sich so verhält, lässt einfach alles geschehen ohne die Entschlossenheit, seine Energie äußerlich und innerlich auf Wachstum zu lenken. Mancher mag sogar seine eigenen Untugenden erkennen und dabei denken: „Schließlich haben alle Menschen Fehler" – und es dabei belassen. Das ist keine gute Haltung.

Erkennen wir Hass und Gier an uns selbst, nützt es gar nichts, wenn wir ungeduldig werden. Alles braucht seine Zeit. Wir sind seit Urzeiten immer und immer wieder hier und agieren Gier und Hass aus. Es wird eine Weile dauern, sie zu eliminieren. Dazu braucht es Geduld – aber keine Selbstgefälligkeit.

Aus: Ewigkeit, S. 172

Wer meditiert, hört auf zu denken und fängt an zu leben

Durch die Meditation ist es möglich, einmal mit dem Denken aufzuhören und mit dem Erleben anzufangen. Sobald das geschieht, sind Vergangenheit und Zukunft momentan ausgelöscht, und wir erleben effektiv den jetzigen Moment. Das Interessante, das uns dann klar wird, ist, dass es gar keinen anderen Moment gibt. Die Vergangenheit ist längst vorbei, und die Zukunft ist nichts als eine Hoffnung. Sie gibt es in Wirklichkeit nicht. Wenn nämlich die Zukunft einmal existiert, dann heißt sie Gegenwart. Erst wenn wir aufhören zu denken, können wir jeden einzelnen Moment und dadurch die Fülle des Seins erleben. Wenn wir wirklich präsent sind, dann sind Zukunft und Vergangenheit in unserem Leben gleichgültig, denn es gibt nur einen erlebbaren Moment.

Meditativ ist es möglich, mit dem Denken aufzuhören. Auch in einer außergewöhnlichen Situation kann es uns passieren, dass das Denken einen Moment aufhört; zum Beispiel, wenn wir am Meer stehen und die unendliche

Weite des Meeres erleben, die mit dem Himmel verschmilzt. Das kann uns derart faszinieren, dass wir uns einen Moment nur diesem Gefühl hingeben. Aber sicherlich fängt der Geist bald wieder an, sich zu äußern und Erklärungen abzugeben. Solche Momente dauern jedoch in der Meditation länger an und sind uns jederzeit zugänglich. Das bedeutet natürlich nicht, dass das Denken dadurch nicht zu seinem Recht kommt, sondern dass wir die Innenwelt, die wir alle in uns tragen, einmal zu Wort kommen lassen.

Aus: Spiegel, S. 93f

Wie können wir unser Leben am besten nutzen?

Das menschliche Leben ist sehr begrenzt; sechzig, siebzig, achtzig Jahre, vielleicht etwas länger und dann ist es vorbei. Wie können wir diese kurze Zeit am besten verwenden? Was können wir mit uns tun? Wie weit können wir von den voreingenommenen Meinungen und Aussichten loslassen, vom Weg der Welt, und uns dem Fluss des Seins hingeben? Wenn wir nur einen Moment probieren, von etwas loszulassen, was wir unbedingt wollen und dann erkennen, dass es nicht sein muss, dass es auch ohne dies geht, dann bekommen wir einen Vorgeschmack davon, was Loslassen für uns bedeuten kann.

Aus: Spiegel, S. 92f

Die innere Stimme darf nicht verstummen

Wir alle haben ein Gewissen, aber beachten wir es immer? Es wäre ein guter Vorsatz, sich immer von seinem Gewissen leiten zu lassen. Wir dürfen es nicht zulassen, dass dieser Berater von Begehren überschattet und außer Kraft gesetzt wird. Das führt dazu, dass unsere persönlichen Beziehungen auseinander gehen und unser Leben schwierig wird. Gefährlich wird es immer, wenn unsere innere Stimme zum Schweigen gebracht wird, weil wir etwas Bestimmtes haben wollen. Das kann vieles sein, wie Anerkennung, Lob, akzeptiert zu werden, Recht zu haben oder auch eine gute Meditation zu haben.

Aus: Wenn nicht ich, S. 115f

Mit den Augen einer Mutter

Trägheit ist ein Extrem. Zu glauben, nie genug zu tun, ist das andere Extrem. Beides tut uns nicht gut. Wir sollten uns vielmehr um den mittleren Weg bemühen, das heißt, uns mit den Augen einer Mutter zu sehen und uns selbst mit Liebe und Weisheit erziehen. Sind wir gleichzeitig unsere eigene Mutter und unser schwieriges Kind, finden wir vielleicht die Balance zwischen Eigenliebe und Selbsthass. Eine einfühlsame Mutter sorgt für ihr Kind mit Liebe und Mitgefühl, aber auch mit sanfter und beständiger Disziplin.

Aus: Wenn nicht ich, S. 35

Selbstverantwortung ist der erste Schritt zur Weisheit

Weisheit fängt immer damit an, dass wir Selbstverantwortung übernehmen und aufhören, andere dafür verantwortlich zu machen, was mit uns geschieht. Das Gesetz des *Karma* ist ein Naturgesetz, dem wir alle untertan sind, und wenn uns klar wird, dass wir alles, was in unserem Leben geschieht, selbst in die Wege geleitet haben, akzeptieren wir unsere eigene Verantwortung. Wir kennen alle den Satz: „Wie du säest, so wirst du ernten." Das ist das Gesetz des *Karma*, wie es einfacher gar nicht ausgedrückt werden kann. Was wir täglich säen ist das, was wir täglich ernten. Wenn wir volle Eigenverantwortung für jede Reaktion und jeden Gedanken übernehmen, haben wir den ersten Schritt zur Weisheit getan.

Aus: Ohne mich, S. 84f

Jemand sein zu wollen, ist gefährlich

„Jemand" sein zu wollen, ist gefährlich. Es ist, wie mit loderndem Feuer zu spielen, in das wir die ganze Zeit unsere Hand halten, die dann ständig weh tut. Niemand wird das Spiel nach unseren Regeln spielen. Leute, die es schaffen, jemand zu sein, wie Staatsoberhäupter, brauchen Leibwächter um sich herum, weil sie in ständiger Lebensgefahr sind. Niemand mag zugeben, dass ein anderer wichtiger sei als man selbst. Eines der Haupthindernisse für Geistes-Frieden ist der „Jemand", den wir selbst geschaffen haben.

Aus: Pfad, S. 41

Warum tue ich, was ich tue?

Man muss die Wahrheit über sich selbst mit ehrlicher Aufrichtigkeit herausfinden. Das ist recht schwierig. Es ist Weisheit dazu notwendig, zu erkennen, was mit einem selbst nicht richtig ist. Das, was mit anderen nicht stimmt, ist nicht so schwer zu erkennen. Es ist meist offensichtlich. Um herauszufinden, was falsch an einem selbst ist, benötigt man durchdringende Wahrheit und innere Aufrichtigkeit.

Es ist ein Wühlen im eigenen Inneren und ein In-Frage-Stellen. Taucht auf die erste Frage eine Antwort auf, dann muss diese überprüft werden mit der Frage: „Warum tue ich, was ich tue? Warum fühle ich, was ich fühle? Warum reagiere ich so, wie ich reagiere?" Am Ende wird stets das Ich stehen, wenn man lange und tief genug gegraben hat.

Die naheliegenden Reaktionen: „Nun, das ist eben mein Ego, und ich kann nichts dagegen tun" oder „Das ist halt mein Karma" sind nicht hilfreich. Beide sind gleichermaßen unproduktiv. Wenn man bei seinen Schürfarbeiten immer und immer wieder auf das Ego stößt, wird man den Wunsch haben, sich dessen festem Griff zu entziehen.

Es ist ganz schwer, uns so zu sehen, wie die anderen es tun. Dazu müssen wir einen Spiegel vor uns aufstellen – nicht, um unsere körperliche Form zu betrachten, sondern unsere geistige und emotionale Erscheinung. Dieser Spiegel ist die Achtsamkeit. Manchmal kann die Reaktion anderer Menschen als Spiegel dienen, aber dieser wirft kein ehrliches Bild zurück, weil deren Ich beteiligt ist. Die Hauptarbeit liegt in der Selbstbefragung.

Aus: Ewigkeit, S. 173

Sinnesfreuden sind nicht das Ziel

Je mehr ein Mensch geläutert ist, desto angenehmer werden seine Sinneswahrnehmungen sein. Ein reines Herz und ein reiner Geist finden Freude an den einfachsten Dingen: an einem schönen Himmel, an einer lieblichen Landschaft, an einer angenehmen Unterhaltung.

Jemand, der sich selbst nicht geläutert hat, wird diese Dinge vielleicht überhaupt nicht wahrnehmen. Es wird ihm nicht einfallen, in den Himmel oder auf die Landschaft zu blicken. Er wird nach viel gröberen Möglichkeiten suchen, um sich zu erfreuen. Alkohol oder Drogen, sich den Freuden des Essens oder dem Sex hinzugeben, mögen die einzigen Quellen seiner Befriedigung sein.

Eigentlich ist nichts falsch daran, sich den Sinnesfreuden zu widmen, vorausgesetzt, sie sind harmlos und verfeinert. Der Buddha bezeichnete sie als Gefahr, weil wir sie so leicht zu unserem Ziel machen und uns daran ausrichten. Wir versuchen immer mehr davon zu bekommen oder sie zu behalten und beständig zu machen, um sie nicht zu verlieren. Das ist unser Fehler, weil es sich um eine unhaltbare Voraussetzung handelt. Wir können es auf keinen Fall verwirklichen, denn kein Sinneskontakt kann beständig sein. Tatsächlich würde es sogar äußerst unangenehm werden, wenn wir es schaffen würden. Genauso gibt es auch keinen sicheren Weg, um angenehme Empfindungen auszulösen. Die Suche danach nimmt unsere Zeit und Energie in Anspruch und lässt uns keinen Raum, im Leben nach Bedeutendem zu trachten.

Aus: Die Ewigkeit ist jetzt, S. 136f

Im Bewusstsein der Lehre leben

Totale Hingabe bedeutet, dass wir uns ganz geben können. Verwirklichen wir dies, dann heißt das: Wir sind liebesfähig. Menschen mit vielen skeptischen Zweifeln sind flatterhaft. Sie wenden sich hierhin und dorthin. Im Westen nennen wir sie „Guru-Hüpfer". Es ist ein beliebter Zeitvertreib für so genannte spirituelle Sucher, die sich selbst nicht hingeben können. Es könnte ja noch etwas Besseres zu finden sein. Ein oft gebrauchtes Gleichnis dafür lautet: Man sucht Wasser auf dem Hof und denkt, dass es in der südöstlichen Ecke zu finden ist. Dort gräbt man tief – und findet kein Wasser. Darauf denkt man: „Das kann nicht der richtige Platz sein." Also geht man in die nordwestliche Ecke und gräbt dort. Wieder findet man nichts und denkt: „Das muss auch der falsche Platz sein." Das Gleiche tut man zehnmal hintereinander, ohne Wasser zu finden. Wäre man beim ersten Platz geblieben und hätte weitergegraben, wäre man irgendwann auf Wasser gestoßen. Wir müssen immer weiter am gleichen Platz graben. Geben wir uns ganz hin.

Sich dem Weg des Buddha zu verpflichten dauert das ganze Leben lang. Das bedeutet nicht, dass wir kein Haus haben dürfen und vieles andere nicht tun dürfen. Wir müssen nur alles im Bewusstsein des Dhamma tun. Dann wird alles, was wir tun, zur Lehre und jede Situation eine Lernsituation.

Aus: Die Ewigkeit ist jetzt, S. 98

Planen ja, sorgen nein

Sorgen macht man sich im Allgemeinen um die Zukunft, und nur sehr wenige Menschen sehen ein, wie fruchtlos dies ist, und hören auf damit. Sich über die Zukunft zu sorgen ist bedeutungslos. Die Person, die sich sorgt, ist nicht die gleiche, die die Zukunft erleben wird. Es wird da Wandel geben. Nicht nur, dass die betreffende Person älter und hoffentlich auch gescheiter sein wird, sondern auch die Umstände, die Gefühle und die Gedanken werden sich geändert haben. Es ist also wirklich sinnlos, sich um die Zukunft zu sorgen.

Wir alle haben sicher Fotos, die uns in verschiedenen Lebensaltern zeigen, etwa mit vier, acht oder zwölf Jahren. Halten wir die Fotos vor den Spiegel, schauen hinein und entscheiden, welchem von all diesen Bildern wir jetzt am meisten ähneln. Sind wir nun der Vierjährige, der Zwölfjährige, der Zwanzigjährige oder der, der in den Spiegel schaut, oder etwa alle zugleich? Wenn das zutrifft, müssen wir inzwischen etwa tausend verschiedene Persönlichkeiten haben. Tatsächlich gibt es nur den ständigen Wandel. Wenn sich der Zwölfjährige Sorgen darum gemacht hätte, was dem Sechzigjährigen wohl geschehen würde, hätte das einen Sinn gehabt? Man kann sich nicht daran erinnern, was man mit zwölf Jahren gedacht hat. Genau das gleiche gilt, wenn wir uns über den morgigen Tag sorgen. Selbst wenn wir uns alle erinnern könnten, würde es keinerlei Unterschied machen, weil ein völlig anderer Mensch die Erfahrungen machen wird.

Das bedeutet nicht, dass wir nicht planen können. Planen und Sich-Sorgen sind nicht das gleiche. Planung wird dann zur Sorge, wenn wir beginnen zu überlegen, ob unser Plan wohl aufgehen wird. Planung ist wunderbar, wenn wir sie dann loslassen, bis wir sie in die Tat umsetzen können, ohne uns um die zukünftigen Ergebnisse zu kümmern.

Aus: Ewigkeit, S. 91

Urteilen macht müde

Meditation benötigt viel Energie. Ist es nicht erstaunlich, dass man beim Stillsitzen oder beim langsamen Gehen so viel Energie braucht? Der Grund liegt darin, dass der Geist ständig versucht, etwas anderes zu tun, als aufmerksam zu sein. Würde er nicht andauernd alle Arten von Ideen, Hoffnungen und Wünsche produzieren, gäbe es keinerlei Müdigkeit. Die Müdigkeit kommt nicht von unseren körperlichen Aktivitäten. Und doch sind wir allabendlich todmüde. Das kommt von dem ständigen Herumwühlen des Geistes und dem ununterbrochenen Urteilen: „Das will ich, das nicht. Das gefällt mir, das nicht." Das ist es, was so sehr ermüdet. Darum sind geistig arbeitende Menschen oft viel erschöpfter als körperlich arbeitende.

Aus: Ewigkeit, S. 88f

Das Leben ist eine Schule für Erwachsene

Das Leben ist eine Schule für Erwachsene, ohne Pause. Darin liegt die Bestimmung dieses menschlichen Daseins – nicht in Komfort, Reichtum, Wohlstand und Besitztümern; auch nicht in Ruhm oder in Weltverbesserung. Menschen haben vielerlei Vorstellungen. Doch das Leben ist die Schule für Erwachsene, und das wichtigste, was wir dort lernen können, ist: Wir sollten unser Herz entfalten und es wachsen lassen. Es gibt nichts Wichtigeres zu lernen. Das ist so, als sei in einem Garten ein wunderschöner Rosenstrauch von Unkraut umwuchert. Dadurch werden ihm die Nährstoffe entzogen, und er kann nicht blühen. Niemand kann sich an seinen Blüten und seinem Duft erfreuen. Schließlich wird das Unkraut die Rosen ersticken. Das Gleiche geschieht in unserem Herzen. Der Rosenstrauch ist die Güte, die in ihm wächst. Schneiden wir das Unkraut nicht zurück, sondern lassen es weiterwuchern, wird die Herzensgüte völlig erstickt werden. Das Unkraut ist der Zorn und alle damit zusammenhängenden Emotionen.

Aus: Ewigkeit, S. 48

Leben mit Herz und Geist

Das Leben kann nur mit Herz und Geist voll und ganz gelebt werden. Wer nur mit dem Herzen lebt, wird sentimental, ein überaus verbreiteter Fehler, der nicht allein dem weiblichen Geschlecht vorbehalten, allerdings hier besonders stark vertreten ist. Sentimentalität bedeutet, jedem Impuls nachzugeben. Das geht nicht. Der Geist hat ebenfalls seine Berechtigung. Man muss auch begreifen, was geschieht. Das Begreifen allein kann dazu führen, dass man sich intellektuell sehr weit entwickelt, jedoch das Herz nicht mitspielt. Herz und Geist müssen sozusagen Hand in Hand gehen. Wir müssen auch unsere Emotionen verstehen und positiven Gebrauch von ihnen machen – von Emotionen, die Erfüllung bringen und dem Herzen ein Gefühl von Frieden und Harmonie vermitteln.

Aus: Ewigkeit, S. 42

3
GEFÜHLE:
DAS ÄUSSERE IST EIN SPIEGEL
DES INNEREN

Was wir selbst empfinden, davon hängt alles ab

Es gibt ein universelles Bewusstsein, zu dem wir alle Zugang haben, aber nur in dem Ausmaß wie unser eigenes Bewusstsein entwickelt ist. Wenn wir also hasserfüllt sind, so haben wir Zugang zu dem hasserfüllten universellen Bewusstsein. Sind wir aber liebevoll, so öffnen wir uns dem liebeserfüllten universellen Bewusstsein. Ferner teilen sich unsere eigenen Bewusstseinsebenen dem universellen Bewusstsein mit, so dass die Entwicklung unserer Liebesfähigkeit die Liebe in dem universellen Bewusstsein vergrößert. Nichts hat Grenzen oder Absolutheit, alles ist davon abhängig, was wir selbst empfinden.

Aus: Liebe, S. 26

Heilsame Gedanken und Gefühle

Das Unheilsame mit dem Heilsamen zu ersetzen, bezieht sich erstens auf unsere Gedankeninhalte. Sind unsere Gedankeninhalte aggressiv, argumentativ, ablehnend, widerwillig, trotzig, zornig oder neidisch, sollten wir das erkennen können und mit dem Gegenteil ersetzen. Es ist nicht so einfach, wie es sich vielleicht anhört. Dasselbe gilt natürlich für unsere Emotionen, die wir genauso erkennen können wie unsere Gedanken. Wenn wir deutlich merken, dass wir uns selbst unglücklich machen mit unserem Ärger, werden wir uns sicher bemühen, den Ärger zu ersetzen. Es ist schwierig, Ärger spontan in Liebe umzuwandeln. Es ist einfacher, Mitgefühl zu empfinden, denn das basiert auf Einsicht in unsere eigenen Schwierigkeiten. Daher können wir das auch auf denjenigen transferieren, über den wir uns ärgern. Auch er hat Schwierigkeiten. Selbst wenn wir diese nicht kennen, so sind sie selbstverständlich vorhanden. Es gibt niemanden, der keine hat, außer einem Erleuchteten. Daher sind Ärger, Ablehnung und Widerwillen leichter mit Mitgefühl zu ersetzen als mit Liebe.

Wenn uns das einige Male gelingt, bekommen wir viel Selbstvertrauen, weil wir wissen, dass wir nicht mehr ein Spielball unserer eigenen Emotionen sein müssen. Selbstvertauen ist eine notwendige Voraussetzung für die spirituelle Praxis.

Aus: Glück, S. 90f

Das Äußere ist ein Spiegelbild des Inneren

Im Allgemeinen könnte man sagen, dass die ganze Menschheit in der Illusion lebt, dass das Angenehme, Bequeme und Komfortable ihnen zusteht. Wenn sie das nicht haben können, werden sie ärgerlich auf irgendjemanden, der angeblich den Komfort unterbunden hat, oder auf die Situation, die nicht angenehm ist. Sie werden ablehnend und negativ, und der Geist denkt sich irgendwelche Erklärungen aus, wie es dazu gekommen ist. Wir machen uns vor, dass es überhaupt nichts mit uns selbst zu tun hat, sondern nur mit den äußeren Umständen. Die äußeren Umstände, in denen wir leben, sind aber nur ein Spiegelbild von den inneren Zuständen, die wir geschaffen haben. Da gibt es keine Lücke dazwischen; das Innere und das Äußere passen genau zusammen. Irgendjemanden dafür verantwortlich zu machen, ist verantwortungslos. Wir machen oftmals andere Menschen für Situationen oder für Dinge verantwortlich, die vor vielen Jahren geschehen sind, oder für Reaktionen, die wir uns ausgedacht haben.

Aus: Glück, S. 16f

Was wir wünschen, bekommen wir auch

Wir versuchen, irgendetwas zu bekommen, das leicht zu haben ist und angenehme Gefühle hervorruft. Und was passiert? Wir bekommen es. Das ist überhaupt kein Kunststück. Das, was der Mensch wirklich will, bekommt er. Hier ist ein wichtiges Kontemplationsobjekt: Was habe ich eigentlich bekommen? Dann muss ich es wohl auch gewollt haben. Denn keiner bekommt etwas, ohne es gewollt zu haben. Ob er nun merkt, dass er es will, ob er es jetzt gewollt hat, vor langer Zeit oder kürzlich, all das bedeutet nichts. Er hat es gewollt und hat es bekommen. Woraus unser Leben besteht und wie unsere Lebensqualität aussieht, das haben wir uns selbst zuzuschreiben. Wir glauben häufig, dass irgendjemand anderes unser Leben bestimmt und arrangiert hat, weil uns so vieles daran nicht gefällt. Dass es uns nicht gefällt, liegt aber nur daran, dass jeder erfüllte Wunsch sofort einen neuen hinter sich herzieht. Denn die Wünsche, die durch die Sinne befriedigt werden sollen, können keine dauernde Erfüllung bringen. Das ist eine erlebbare Wahrheit, der wir uns durch Kontemplation nähern können.

Aus: Glück, S. 15f

Hochmut verhärtet den Geist

„Hochmut kommt vor dem Fall" lautet ein Sprichwort. Hochmut ist selbstzentrierter Unsinn, betrifft er nun die Familie, Besitztümer, Fähigkeiten, Verdienste oder das Aussehen. Es dient alles nur der Ego-Bestätigung. Aber es geht sogar noch weiter: Hochmut schafft ein Gefühl der Überlegenheit und verhärtet den Geist.

Es gibt eine Geschichte von einem Brahmanen, dessen Spitznamen Steifstolz war, weil er sich vor niemandem zu Boden warf. Weder vor seinen eigenen Göttern noch vor einem seiner Lehrer. Er kam auch nie, um die Lehren des Buddha zu hören. Zu aller Erstaunen erschien er eines Tages doch. Er lauschte den Worten des Buddha, und als dieser geendet hatte, ging er hin und warf sich nieder. Die ganze Versammlung staunte. Dann traf er mit dem Buddha ein Abkommen. Er sagte, dass er gern sein Schüler werden wolle, nachdem er seinen Vortrag gehört habe, aber er habe einen Ruf zu verteidigen. Ob es wohl ginge, dass er jedes Mal, wenn er in Zukunft dem Buddha begegne, seinen Hut als Gruß hochhebe, anstatt sich niederzuwerfen? Der Buddha war einverstanden, und so behielt der Brahmane seinen Spitznamen bis zu seinem Tode.

Steif vor Stolz – so beschreiben wir diese Haltung. Steifheit zeigt die Unfähigkeit an, neue Ideen und Ansichten zu akzeptieren. Stolz ist ein Standpunkt, und alles Neue bringt die Grundlage in Gefahr, auf welcher dieser Stolz ruht. Für einen hochmütigen Menschen ist es äußerst schwierig, etwas Neues zu lernen. Solche Menschen sagen üblicherweise „ich weiß", obwohl sie nichts wissen.

Aus: Ewigkeit S. 117f

Jede Erwartung endet in einer Enttäuschung

Gute Handlungen sollten aus Weisheit heraus getan werden, weil wir erkennen, dass alles andere nur Unglück für uns selbst bringt. Güte ist notwendig, um mit sich selbst und anderen in Frieden und Harmonie zu leben. Resultate zu erwarten bedeutet Anhaftung und Erwartung. Alle Erwartungen enden in Enttäuschung. Keine Erwartung kann jemals so erfüllt werden, wie wir es uns erhoffen. Erwartungen leiten uns eher in die Zukunft, als dass sie uns in der Gegenwart festhalten. Ins nächste Leben, ins übernächste oder in das danach? In welches Leben? Was ist mit den nächsten fünf Minuten? Im Idealfall wird die gute Handlung so zur zweiten Natur, dass etwas anderes gar nicht mehr möglich ist. Solange aber noch anderes möglich ist, muss unsere Richtung von der Weisheit diktiert werden.

Aus: Ewigkeit, S. 102

Wir machen uns selber unglücklich

Die größte Torheit ist es, dass die Menschen sich durch ihre eigenen Reaktionen ununterbrochen selbst unglücklich machen. Irgendwann müssen wir einen festen Entschluss fassen – den Entschluss, damit aufzuhören, uns selbst unglücklich zu machen. Wir müssen aufhören damit, auf alles, was geschieht, negativ zu reagieren. Wir müssen uns klarmachen, dass wir selbst und alle anderen auch der Unreinheit unterliegen. All das, was wir als unangenehm erleben, ist auf diese Unreinheit zurückzuführen.

Menschen werden nie aufhören, das Falsche zu denken oder zu tun. Nur wenn wir uns im Dhamma üben, haben wir eine Chance, damit aufzuhören. Sind wir umgeben von falschen Reaktionen, falschem Tun, Egoismus und dem Wunsch, mehr zu erhalten als zu geben – was macht das aus? Was allein zählt, sind Frieden und Glück im eigenen Herzen. Alles andere sind völlig unwichtige Probleme, mit denen leider die meisten Menschen leben. Alle Probleme werden durch die eigenen Reaktionen hervorgerufen, und wir haben die natürliche Neigung – wieder eine unserer menschlichen Absurditäten –, den Auslöser zu beschuldigen. Werden wir ärgerlich, so geben wir demjenigen die Schuld, der unseren Zorn ausgelöst hat. Werden wir traurig, beschuldigen wir den Auslöser der Traurigkeit oder vielleicht auch das Ergebnis. Dabei vergessen wir ganz, dass wir in unserem Inneren die Bereitschaft tragen, ärgerlich oder traurig zu werden, andernfalls wäre es nicht möglich. (...)

Den Frieden in unserem Herzen und den Pfad der Befreiung finden wir nur, indem wir nicht die Welt, sondern uns selbst ändern. An der Welt gibt es nichts zu verändern. Jeder kann nur sich selbst ändern. Der Buddha hatte nicht die Absicht, die Menschen zu verändern. Er hat ihnen gezeigt, wie sie es selbst tun können. Diese Arbeit muss jeder Mensch selbst erledigen. Niemand kann sie uns abnehmen, und je früher wir beginnen, desto eher haben wir die Chance, Glück zu finden, unabhängig von äußeren Umständen.

Aus: Ewigkeit, S. 80f

Zorn ist eine Entscheidung

Ein Bild für den Zorn ist ein Brunnen, dessen Wasser aufgewühlt ist. In aufgewühltem Wasser kann man sein Spiegelbild nicht sehen. Durch den Ärger gehen Vernunft und Achtsamkeit verloren, man vergisst alles vor lauter Zorn. Würde sich jemand einmal die Zeit nehmen, sein wutverzerrtes Gesicht in einem Spiegel zu betrachten, wäre er sicher überrascht von dem, was da zu sehen ist. Aber dazu hat niemand Zeit. Der Ärger überflutet alles andere.

Der Buddha rät uns, sobald auch nur der geringste Ärger entsteht, daran zu denken, dass jeder der Schöpfer seines eigenen Karma ist. Es ist ungeheuer wichtig, sich an solche Dinge zu erinnern, damit sie einem in einer kritischen Situation verfügbar sind. „Ich bin der Meister meines Karma! Werde ich wütend, dann muss ich auch die Folgen tragen." Dabei spielt es keine Rolle, ob unser Ärger provoziert wurde. Dies würde nichts am karmischen Resultat ändern. Wir haben schließlich die Wahl, ob wir reagieren wollen oder ob wir es besser sein lassen.

Aus: Ewigkeit, S. 77f

Ärger und Zorn verdoppeln unseren Schmerz

Wenn man sich auf irgendeine Art und Weise verletzt fühlt, tritt Ärger auf. Stellt sich Schmerz ein, ist die instinktive unlogische menschliche Reaktion darauf, ebenfalls Schmerz zu bereiten. Ehe wir das nicht deutlich erkennen, können wir es nicht ändern. Dabei bereiten viele Menschen nicht anderen Schmerzen, sondern fügen sich selbst welche zu. Sie schlucken den Ärger und verdrängen ihn, und dann schwelt es weiter im Inneren. Das äußert sich dann in Krankheit, Energieverlust, Depression, in negativen Reaktionen und im Verlust von Lebensfreude.

Nur ganz wenige Menschen, denen wir auf der Straße begegnen, haben einen glücklichen Gesichtsausdruck. Das kann man überall bemerken, in Sydney, London, Paris oder Amsterdam. Überall ist es das Gleiche: Nur wenige Menschen machen ein glückliches Gesicht und ebenso wenige wirken heiter und gelassen.

Die Verletzungen, die wir im Leben erfahren, lassen uns denken, dass wir den Schmerz auslöschen können, wenn wir Vergeltung üben. Leider bewirkt dieses Verhalten das Gegenteil: Der Schmerz verdoppelt sich. Dies ist eine weitere absurde menschliche Torheit, wie die Angewohnheit, stets über die Vergangenheit oder die Zukunft nachzudenken, statt im Augenblick zu leben.

Der Buddha hat den Zorn mit einer Gallenerkrankung verglichen. In der deutschen Sprache gibt es da eine überaus passende Redewendung: „Mir kommt die Galle hoch!" Wer das jemals durch eine Krankheit erfahren hat, weiß, wie das schmeckt. Wer schon einmal sehr ärgerlich war, kennt das

Gefühl ebenfalls. Ich bezweifle, ob es jemanden gibt, der davon verschont geblieben ist. Es ist ein schreckliches Gefühl. Trotzdem ärgern sich die Menschen wieder und wieder. Wenn das nicht absurd ist! Es ist so, als ob man sich immer wieder selbst Schläge gäbe und nicht damit aufhören würde, obwohl es weh tut.

Der Buddha verglich den Ärger dann damit, dass man mit bloßen Händen glühende Kohlen auf den werfen will, der einen geärgert hat. Wer verbrennt sich zuerst? Natürlich der, der wütend ist.

Aus: Ewigkeit, S. 76f

Wir können lernen, Freude zu finden

Um Freude zu verschenken, müssen wir sie in uns gefunden haben und ihr nahe sein. Das fehlt uns häufig. Wir kommen schwer an die Freude in uns heran. Da sind so viele Reaktionen und Emotionen im Weg, dass wir sie nicht verspüren können. Es ist hilfreich, einmal ganz langsam in Ruhe im Wald zu gehen und auf die Emotionen in sich zu achten. Habe ich innere Freude? Oder muss ich mir erst etwas Hübsches anschauen, um Freude zu haben? Wenn das nötig ist, dann sollten wir unbedingt etwas Schönes anschauen. Oder muss ich mir erst eine nette Geschichte ausdenken, um mich zu freuen? Wenn das nötig ist, sollten wir uns etwas ausdenken. Die Freude im Herzen ist so wichtig für die Lebensqualität der Menschheit, dass wir sie auf jeden Fall auf irgendeine Art und Weise in uns hochbringen sollten. Je öfter wir das tun, wenn auch durch Sinneskontakte, desto leichter fällt es uns dann, sie ohne äußere Ursachen auch zu verspüren. Ein geläutertes Herz, das nicht so viele negativen Emotionen und Reaktionen hat, kann eines Tages die innere Freude ohne jeglichen Anlass verspüren. Sie ist einfach zur Grundlage der Gemütsstimmung geworden.

Aus: Glück, S. 116f

Worüber wir uns freuen können

Worüber können wir uns tagtäglich freuen? Wir können uns zum Beispiel darüber freuen, wenn wir jemanden sehen, der ein freudiges Gesicht macht. Interessiert uns das überhaupt? Oder interessiert uns höchstens, ob er dieses freudige Gesicht uns zuwenden wird? Wir können uns darüber freuen, wie die Grashalme sich im Wind biegen. Wir können uns darüber freuen, wie die Kieselsteine nebeneinander liegen, im Allgemeinen schauen wir leider gar nicht hin. Wo Ruhe herrscht, haben wir die Gelegenheit, uns über die kleinsten Dinge zu freuen. Die Natur gibt uns viele Möglichkeiten, uns an ihr zu erfreuen. Wir können uns zum Beispiel daran erfreuen, wenn wir die Vergänglichkeit in der Natur erkennen, was nicht schwierig ist. Wir können den ständigen Wechsel auf uns selbst beziehen und beglückt sein, dass wir ein Teil der Schöpfung sind.

Aus: Glück, S. 113f

Kann man Glück kaufen?

Was wir wissen und was wir können, liegt meilenweit auseinander. Wer glaubt schon, dass man Glück kaufen kann? Bestimmt nicht ein einziger. Und was machen wir? Womit verbringen wir unsere Tage? Wir glauben, uns fordern äußere Schwierigkeiten wie Beruf, Gesundheit, andere Menschen, das Wetter, und wir müssten es uns daher recht angenehm machen, wenn wir so genannte „Freizeit" haben.

Aus: Die vier Ebenen des Glücks, S. 15

Wir bekommen, was wir geben

Wir sprechen davon, dass unsere Umwelt ein Spiegel für uns ist. Sie spiegelt genau das wider, was von uns ausgestrahlt wird. Ein Spiegel ist dazu da, um uns zu zeigen, wie wir aussehen. Im Allgemeinen benutzen wir Spiegel, um unser körperliches Aussehen zu erkennen. Auf dem spirituellen Pfad benutzen wir die Umwelt um uns herum als unseren Spiegel für Herz und Geist. Wenn Freude aus uns herausstrahlt und wir uns auf einen spezifischen Menschen ausrichten, so können wir mit ziemlicher Sicherheit annehmen, dass er diese Freude in uns verspürt und auch Freude zurückstrahlt. Der andere ist nicht nur ein Spiegel, sondern auch ein Echo. Das Echo existiert auch im kosmischen, universellen Bewusstsein. Von dort bekommen wir auch nur das zurück, was wir selbst schon gegeben haben. Wenn wir Ärger und Ablehnung, Phantasien, Enttäuschungen oder Negativitäten ausstrahlen, bekommen wir genau das zurück.

Aus: Glück, S. 115

*Wir selbst sind das Hindernis
auf dem Weg zum Glück*

Wir müssen mit uns zufrieden sein. Können wir uns selbst nicht mit einem Gefühl der Genugtuung begegnen, werden wir nirgendwo und mit niemandem zufrieden sein. Wir können die Persönlichkeit, die wir jetzt verkörpern, nicht einfach loswerden, in die Ecke stellen. Sie wird uns noch eine ganze Weile begleiten. Außerdem sollten wir uns fragen, ob wir überhaupt mit irgend jemandem oder irgendetwas zufrieden sein können, wenn wir nicht einmal mit uns selbst zufrieden sind. Wir selbst sind das Hindernis. Unsere Hauptaufgabe liegt zunächst darin, dass wir mit uns selbst zufrieden sind.

Aus: Sei Dir selbst eine Insel, S. 93f

Eine Glocke für die Freude

Die Freude mit anderen zu empfinden ist auch eine Möglichkeit, sich selbst ein gutes Karma zu schaffen. Ich war einmal in einem Dorf, in welchem es nur eine besondere Glocke vor dem Tempel gab. Wer immer in diesem Dorf ein bisschen Glück hatte, ging hin und ließ diese Glocke erklingen. Wenn beispielsweise eine gute Ernte eingebracht wurde, wenn die Tochter heiratete, wenn jemand geheilt aus dem Krankenhaus heimkam oder ein gutes Geschäft abgeschlossen worden war, wenn das Dach neu gedeckt war: Alles, was Freude bereitete, wurde mittels der Glocke dem ganzen Dorf verkündet. Und wann immer diese Glocke erklang, eilten die Menschen herbei, freuten sich für den Betreffenden und sagten: „Gut gemacht!" Und derjenige, der die Glocke geläutet hatte, schuf sich selbst ein gutes Karma, indem er alle an seiner Freude teilhaben ließ. Und die anderen erzeugten gutes Karma, indem sie sich selbstlos mit dem Glücklichen freuten.

Leider haben die meisten Dörfer und Städte keine solchen Glocken. Wir müssen schon unsere eigene Glocke läuten.

Aus: Ewigkeit, S. 58

Frieden finden wir nur im eigenen Herzen

Alles hat seinen Anfang in unseren Herzen. Darum ist es wichtig, dass wir erkennen. Die Welt – das sind nicht die anderen. Jeder von uns ist die Welt. Solange wir nicht Frieden in uns selbst finden, finden wir ihn nirgendwo. Es macht überhaupt keinen Unterschied, ob andere Menschen ärgerlich, erregt oder egoistisch sind. Das ist überhaupt nicht wichtig. Was einzig zählt, ist unser eigener Einsatz. Es wird nie vollkommener Frieden auf der ganzen Welt herrschen. Weder zu Lebzeiten des Buddha gab es totalen Frieden noch zu Zeiten anderer großer spiritueller Meister. Die Geschichte erzählt deutlich genug von politischen Manipulationen, von Unterdrückung und von Bruderkriegen.

Der einzige Frieden, den wir erfahren können, ist jener in unseren Herzen.

Aus: Ewigkeit, S. 75f

Frieden hat nur, wer zufrieden ist

Frieden kann nur für einen Menschen entstehen, der zufrieden ist. Aber nicht weil er sich nun alles kaufen kann, sondern weil er gesehen hat, dass alles, was käuflich ist, sowieso nicht zufriedenstellend ist. Wir müssen einmal erkennen, dass alles, was uns durch die Sinne zuteil wird, nicht befriedigend sein kann, weil es sofort wieder verschwindet.

Ein Mensch, der wirklichen, unerschütterlichen Frieden in sich empfindet, kann durch äußere Ereignisse nicht mehr gestört werden, denn er hat eine andere Wahrheit in sich erkannt. Wenn wir auf dem Totenbett noch einmal betrachten, wonach wir in unserer flüchtigen Existenz gestrebt haben, wird uns die verschwendete Zeit wahrscheinlich leid tun. Alles Äußere, Weltliche, das uns so wichtig und bedeutsam erscheint, ist flüchtig und vergänglich. Was wir aber in unserem Innenleben verwirklichen können, das kann auch vielen anderen hilfreich sein und kann den inneren Funken zur Blüte, zum Licht bringen, so dass ihn andere auch klarer sehen können.

Immer wieder gibt es Menschen, die sich tiefen Frieden erarbeiten, ihn in sich verspüren und um sich herum verbreiten wollen. Für sie ist alles zufriedenstellend, so wie es ist. Was uns immer wieder zum Unfrieden führt, sind unsere Begierden und unser Hass. Das ist vielleicht die wichtigste Lektion bei unserer Neugeburt.

Aus: Weihnachten, S. 71f

Innerer Friede kommt nicht durch schöne Erlebnisse

Wenn wir uns klar darüber sind, dass wir inneren Frieden suchen, müssen wir auch gewillt sein, etwas dafür aufzugeben. Es handelt sich dabei nicht um Familie, Heim oder Arbeitsstelle, sondern darum, dass wir aufgeben, das Glück dort zu suchen, wo es nicht zu finden ist. Wir alle haben lange genug, nämlich seit wir auf der Welt sind, versucht, durch unsere Sinneskontakte volle Befriedigung zu finden, und es ist uns niemals gelungen. Wir haben immer nur momentanes Vergnügen erreicht. Wenn wir also wirklich einmal Frieden haben wollen, müssen wir bereit sein, das aufzugeben, was uns keine Befriedigung gebracht hat.

Das bedeutet jedoch nicht, mit geschlossenen Augen, Ohren, Nase und Mund durch die Welt zu gehen. Das ist unmöglich und wäre auch sinnlos. Der Buddha war ein pragmatischer Lehrer und hat alles aus der Sicht der Praxis gelehrt. Unsere Erwartungshaltung, dass aus den Sinneskontakten eines Tages das wirkliche Glück entsprießen wird, können wir aufgeben. Wir denken, wenn wir es nur richtig anpacken, das Beste kaufen, das Gesündeste essen, den richtigen Partner haben, die neuesten Yoga-Übungen machen, dann wird es schon klappen. Wir denken, bis jetzt haben wir es eben sicher noch nicht ganz richtig gemacht. Leider wird sich das aber bis zum Ende unseres Lebens nicht ändern. Wir können natürlich immer wieder probieren.

Gesundes Essen und Yoga-Übungen sind wichtig, aber zu erwarten, dass sie uns Glück und Frieden verschaffen, ist Utopie. Diese Erwartungshaltung bringt innere Unruhe.

Wir denken: „Habe ich es nun richtig gemacht? Wird sich mir keiner in den Weg stellen? Werden alle, die ich liebe, bei mir bleiben? Wird jetzt und zukünftig alles in Ordnung sein?" Mit dieser Erwartungshaltung kommt sofort die Enttäuschung, weil es natürlich nicht funktioniert. Also glauben wir, es muss wohl doch der falsche Partner sein, die falsche Yoga-Übung, die falsche Ernährung oder was immer wir uns ausdenken mögen. Es könnte auch das falsche Buch, der falsche Kurs oder der falsche Lehrer sein. Statt aufzuhören, das Glück mit unseren Sinnen in der Außenwelt zu suchen, fangen wir unweigerlich wieder von vorn an, nach neuen Objekten zu suchen, die uns Erfüllung bringen sollen.

Wir brauchen unsere Sinne zum Überleben, denn sie warnen uns vor Gefahren. Stattdessen missbrauchen wir sie als Mittel auf der Suche nach Vergnügen. Die Vorstellung, dass sie uns eines Tages Glück und Frieden bringen werden, müssen wir ein für allemal aufgeben. Wenn wir dies als Kontemplation betrachten, nachprüfen und klar erkennen, so heißt das nicht, dass wir uns nie mehr an angenehmen Sinneskontakten erfreuen werden. Es bedeutet lediglich, dass wir kein bleibendes Glück und keinen inneren Frieden von ihnen erwarten.

Aus: Ohne mich, S. 33f

Die Welt ist eine Fachschule für Glück und Frieden

Wir können von allem lernen. Heute mussten einige *Anagarikas* (Klosterbewohner auf Zeit) lange auf der Bank warten, was eine Übung in Geduld war. Ob dies erfolgreich war oder nicht, ist weniger wichtig, als dass es eine Lernsituation war. Es ist der Zweck unseres Menschseins, alles als eine Übung zu verwenden. Das ist der einzige Grund dafür, hier zu sein; nämlich die Zeit auf unserem kleinen Planeten zu nutzen, um zu lernen und zu wachsen. Man könnte unser Dasein eine Fachschule für Glück und Frieden nennen. Alles andere, was wir als Sinn des Lebens ansehen, ist eine Fehlspekulation.

Aus: Pfad, S. 35

Wer Frieden will, muss im Herzen abrüsten

Jeder denkende Mensch beklagt die Tatsache, dass es keinen Frieden zwischen den Nationen gibt. Wir alle würden gerne Frieden auf der Erde sehen. Offensichtlich gibt es diesen Frieden nicht. Im 20. Jahrhundert herrschte fast die ganze Zeit über irgendwo Krieg. Jedes Land hat ein enormes Verteidigungssystem, wofür eine Menge an Energie, Geld und Arbeitskräften benötigt wird. In dem Moment, in dem jemand auch nur die geringste unfreundliche Bemerkung macht oder sich in Richtung einer territorialen Überschreitung bewegt, verwandelt sich dieses Verteidigungssystem in ein Angriffssystem. „Wir müssen unsere Landesgrenzen verteidigen, um die Bewohner zu schützen", lautet die Rationalisierung und Rechtfertigung. Abrüstung ist eine Hoffnung und ein Gebet, aber nicht die Wirklichkeit. Warum das so ist? Abrüstung muss im Herzen jedes einzelnen Menschen beginnen, sonst wird es im Großen nie zu einer Abrüstung kommen.

Angriff und Verteidigung finden nicht nur ständig im Großen statt, sondern auch unaufhörlich in uns. Wir verteidigen dauernd unser Selbstbild. Sobald uns jemand schief ansieht oder uns nicht genug Wertschätzung und Liebe entgegenbringt, wird diese Verteidigung zum Angriff. Wir begründen das damit, diese Person, dieses „Land", das „Ich" verteidigen zu müssen, um den Bewohner, das „Selbst" zu schützen. Weil das fast jeder Mensch auf dieser Erde tut, verhalten sich auch sämtliche Nationen so. Dies wird sich niemals ändern, wenn sich nicht jeder einzelne Mensch ändert. Also muss jeder Einzelne von uns den Frieden in seinem Inneren erarbeiten. Dies kann geschehen, wenn das Ich etwas reduziert wird. Das Ich nimmt aber nur dann ab, wenn wir mit schonungsloser Klarheit sehen, was in uns vorgeht.

Aus: Ewigkeit, S. 54f

Wie wird Weihnachten ein Fest des Friedens?

Wir können darüber einmal in Ruhe nachdenken und feststellen, was Weihnachten für uns bedeuten könnte und was wirklich wichtig für uns ist.

Weihnachten wird sehr oft mit „Frieden auf Erden" beschrieben. Eine erstklassige Idee, nicht wahr? Wir sind sicher alle damit einverstanden. Es bleibt nur eine Frage übrig: Wie macht man das? Alle Ideen, die je im Umlauf waren und dies ermöglichen sollten, sind immer wieder fehlgeschlagen. Auch in diesem Moment erschießen sich Menschen gegenseitig. Frieden wäre ein Anknüpfungspunkt und nicht immer nur die Lebkuchen. Es ist nichts gegen Lebkuchen einzuwenden, aber sie sind doch nicht Weihnachten. Sie bleiben immer nur Lebkuchen.

Irgendwo müssen wir einen Anfang machen zu erkennen, worum es wirklich geht. Wenn es uns um „Frieden auf Erden" geht, wo können wir anfangen? Anderen Leuten erzählen, wie sie Frieden machen sollen? Oder bei uns selbst beginnen? Ein Mensch, der Frieden in sich findet, verändert die Welt. Der Buddha war so ein Mensch, und heute gibt es ca. 300 Millionen Buddhisten. Jesus hatte ebenfalls den inneren Frieden gefunden, und jetzt gibt es ca. 1,7 Milliarden Christen. Natürlich können wir nicht wie Jesus und Buddha sein, aber dennoch können wir inneren Frieden entwickeln. Dann wird es auch möglich sein, dass alle Menschen, mit denen wir zusammenkommen, auch etwas Friedvolles zu spüren bekommen. Das wäre ja schon genug. Aber wie macht man das?

Immer wieder wird geglaubt, dass wir anderen Leuten erzählen müssen, wie sie Frieden machen sollen. Selbst in unserer Kleinstadt waren riesengroße Plakate, die erzählten, wer alles schuld daran sei, dass kein Frieden herrscht. Wenn es nicht so traurig wäre, wäre es lachhaft. Unser eigenes Herz ist daran schuld, dass kein Frieden herrscht, und nichts anderes. Wenn wir fünf Milliarden Menschen auf der Welt hätten, die alle Frieden im Herzen empfinden, würden wir uns nie darüber zu unterhalten brauchen. Es wäre eine solche Selbstverständlichkeit, dass es kein Thema mehr wäre. Da aber unter diesen fünf Milliarden Menschen sehr schwer auch nur einer zu finden ist, der wirklichen Frieden in sich hat, ist dies auch ein sehr wichtiges Thema. Die Politiker zu beschimpfen, so wie es auf den Plakaten geschah, ist lächerlich. Politiker haben genauso viel *Dukkha* wie wir und wissen genauso wenig wie wir. Sie haben sich nur in eine Situation hineinmanövriert, in der sie jetzt öffentlich zur Rechenschaft gezogen werden können.

Frieden müssen wir im eigenen Herzen finden. Es bedeutet bestimmt nicht, uns alles kaufen zu können, was wir haben möchten, und auch nicht, dass wir uns von dem abschirmen, was uns nicht gefällt und uns nur damit beschäftigen, was uns angenehm erscheint. Frieden im Herzen bedeutet letztendlich, dass wir die tiefste Wahrheit der Existenz in uns erkannt haben und damit zufrieden sind; wir also nichts mehr weiter wollen.

Aus: Weihnachten, S. 68–70

4
IN BEZIEHUNGEN LEBEN: JE MEHR WIR VERSCHENKEN, DESTO MEHR BEKOMMEN WIR

Andere empfinden anders als wir

Menschen, die schüchtern und unbeholfen im Umgang mit anderen sind, sind niemals leicht zugänglich. Sie denken, dass es ihnen an den richtigen Umgangsformen mangelt, aber was ihnen tatsächlich fehlt, sind Liebe und Mitgefühl für sich selbst. Sie fürchten, dass ihr Gegenüber ihnen dieselben Gefühle entgegenbringt, die sie für sich empfinden, nämlich Abneigung, Ärger und Aggression. Folglich projizieren sie diese Gefühle in andere Menschen hinein.

Einer unserer größten Fehler ist es, wenn wir von uns auf andere schließen und glauben: „Wenn ich so fühle, dann muss jeder andere genauso fühlen." Dabei mangelt es an der Erkenntnis, dass andere völlig anders empfinden können. Weil wir selbst so im Mittelpunkt unserer Wahrnehmung stehen, ziehen wir diese Möglichkeit nicht in Betracht. Wenn wir unsere eigene Abneigung, Zurückweisung und unseren Groll so auf andere projizieren, dann sind wir tatsächlich äußerst schwer zugänglich.

Aus: denken, S. 39f

Warum die Welt ein Spiegel ist

Unsere Umwelt können wir auf zwei Arten als Spiegel verwenden. Den ersten Weg habe ich bereits beschrieben. Es ist immer wieder zu erkennen, dass das, was wir in dem anderen sehen, nur das ist, was wir in uns schon kennen, und wir nichts weiter vorgespielt bekommen als ein kleines Theaterstück, in dem wir selbst der Hauptdarsteller sind. Wir glauben ja sowieso, dass alle anderen nur Nebenrollen haben.

Es gibt noch einen anderen Weg, die Umwelt als Spiegel zu benutzen. Und es ist sehr, sehr wichtig, auch diesen Weg zu gehen. Aber im Allgemeinen werden wir von unseren Emotionen derartig überschüttet, dass wir diesen Weg gar nicht gehen können, denn es ist der Weg der Einsicht. Die Emotionen, die uns überschütten, sind häufig so stark wie Wellen im Ozean, unter denen wir dann stehen und nur noch das Wasser sehen und nicht mehr den Meeresspiegel erkennen können. Erst wenn sich die Wellen wieder geglättet haben und der Meeresspiegel wieder sichtbar geworden ist, können wir versuchen, durch den Meeresspiegel in die Tiefe zu schauen. Dasselbe gilt für unsere Emotionen; wenn wir uns ärgern oder etwas dringend begehren, so werden wir nichts als Ärger, Begehren, Unzufriedenheit oder Ablehnung erleben. Wir können nicht mehr das Ganze sehen, sondern nur noch einen Teil davon. Je mehr wir uns von unseren Reaktionen frei machen können, desto einfacher ist es, den Einsichtsweg zu beschreiten und die Umwelt als Spiegel der absoluten Wahrheit zu benutzen.

Das erste, was ich erklärt habe, ist relative Wahrheit. Der andere ist ärgerlich, also sehe ich meinen eigenen Ärger.

Wir können aber auch die absolute Wahrheit in unserer Umwelt erkennen, ob das andere Menschen sind oder ein Baum, Strauch, Blatt oder Grashalm, alles spiegelt Unbeständigkeit, Verfall, Krankheit und Tod wider, wir müssen nur hinschauen. Im Allgemeinen haben wir die Fähigkeit, uns derart von der absoluten Wahrheit abzuschirmen, dass wir nur das sehen, was wir sehen wollen. Wenn wir eine Blume sehen, sehen wir entweder „hübsch" oder „hässlich", bei einem Baum sehen wir entweder „nützlich" oder „im Weg". Wenn wir einen Menschen sehen, so entscheiden wir entweder „netter Kerl" oder „unmöglich". Aber die Wirklichkeit schauen wir uns überhaupt nicht an, denn sie ist ganz anders. Die Wirklichkeit besteht erst einmal aus der Tatsache, dass alles, was entstanden ist, auch wieder vergehen muss. Sehen wir eine Blume, die hübsch ist, so ist sie wohl gerade im Entstehen oder in ihrer vollen Blüte, und wenn sie hässlich ist, dann ist sie im Verfall. Diesem Prozess sind wir ebenso unterworfen, nur mit einer längeren Zeitspanne.

Betrachten wir eine Blume, einen Baum oder irgendeine andere Naturerscheinung, dann sollten wir uns in diesen ewigen Wechsel miteinbeziehen. Der Tag weicht der Nacht, die Sonne dem Mond, die Sterne kommen und gehen, sind nicht mehr zu sehen, weil sich dieser Erdball die ganze Zeit dreht und bewegt und sich das Universum ständig zusammenzieht und wieder ausdehnt. Wenn wir uns die Wahrheit anschauen, die in allem zu finden ist, und uns in diesen universellen Fluss der Dinge miteinbeziehen, dann bekommen wir eine andere Reaktion und ein anderes Gefühl für uns selbst und für die Welt um uns herum. Diese Welt spiegelt die ganze Zeit Unbeständigkeit, Verfall, Entstehen und Vergehen. Wir sind nicht nur ein Teil der Welt, jeder von uns ist die Welt. Ohne uns wäre überhaupt nichts erfassbar, denn es gäbe keinen, dem bewusst wäre, dass da eine Welt ist. Sehen wir die Bewegungen, das ständige Kommen und Gehen von allem, dann sind die momentanen Schwierigkeiten, denen jeder unterworfen ist, lange nicht mehr so belastend. Sie sind zwar noch genau so unangenehm, aber bestimmt nicht mehr so wichtig, denn sie fließen in demselben Fluss, in dem sich alles ständig verändert und wandelt.

Aus: Spiegel, S. 17–20

Schuld sind nicht die anderen

Wenn wir nicht damit aufhören, die Schuld bei anderen zu suchen, wird sich niemals etwas ändern. Wir müssen einmal bei uns selbst beginnen, sonst findet ein spirituelles Leben niemals statt. Es hat keinen Sinn zu meditieren, wenn wir nicht gleichzeitig Herz und Geist läutern.

Es gibt nichts und niemanden zu beschuldigen, alles geschieht in unserem Inneren. Scham, Gewissen, geistige, sprachliche und körperliche Handlungen sowie Sinnesvermögen haben nichts mit äußeren Ereignissen zu tun. Sie haben nur mit uns selbst zu tun, denn nur dort, in unserem Inneren, werden sie empfunden. Wenn wir das nicht erkennen und ernsthaft zu praktizieren beginnen, gibt es keinen „Edlen Pfad".

Unsere Sinneskontakte veranlassen uns zum Reagieren. Dieser Mechanismus, der sich immer wieder in uns abspult, ist interessant, ja sogar faszinierend. Jemand sagt etwas, was wir gern haben und es fühlt sich gut an. Dann sagt jemand etwas, was wir ablehnen, und schon fangen die Negativitäten im Geist an und es geht wieder bergab. Wir glauben, dass es an dem anderen liegt. Die Welt hat sechs Milliarden Menschen, die sich alle nicht darum kümmern, wie wir reagieren. Nur wir selbst sind daran interessiert. Wir sind der einzige Mensch, dem es irgendetwas bedeutet. Ganz ehrlich und offen zu uns selbst zu sein, ist wahre Innenschau. Solange wir die Wahrheit über uns selbst nicht kennen, ist der Weg zur Befreiung, zu *Nibbana*, verschlossen.

Aus: Wenn nicht ich, S. 121f

Heilsames tun

Sehr oft führen unsere Gewohnheiten, da sie häufig unachtsam sind, zu Unheilsamem in Körper, Sprache und Gedanken. Unser Training besteht darin, dass wir uns darauf ausrichten, nicht länger für uns selbst mehr bekommen und haben zu wollen. Stattdessen überprüfen wir, was wir denken, sagen und tun und merken dabei, ob wir wahrhaft hilfreich, liebend und fürsorglich sind. Wenn wir es nicht sind, können wir uns darin üben, unser Verhalten zu ändern. Während wir diese drei Tore, die uns mit der Außenwelt in Beziehung treten lassen – Gedanken, Sprache und Handlung – untersuchen, sie läutern und in Schranken halten, lernen wir nicht nur uns selbst kennen, sondern wir können auch anderen auf *Dhamma*-Art begegnen.

Aus: Wenn nicht ich, S. 117

Unsere Absichten entscheiden über unser Karma

Wenn jemand barmherzig ist, dann erlebt er auch Barmherzigkeit. Er bekommt genau das, was er gibt. *Karma* ist vollkommen unpersönlich, ist nicht Schuld und Sühne, sondern es handelt sich einfach um Geschehnisse und deren Folgen. Wenn wir frei von Ablehnung und Zustimmung bei uns selbst prüfen, ob diese Aussage stimmt, wird es uns wahrscheinlich möglich sein, in unserem eigenen Leben Ursache und Wirkung zu erkennen. Der Buddha hat jedoch gesagt, *Karma* sei so verwoben wie ein Spinnennetz, wo Anfang und Ende des Fadens nicht zu finden seien. Gleichwohl können wir in unserem Leben Situationen nennen, wo wir uns für das eine oder andere entschieden haben und dann die entsprechenden Resultate erlebt haben.

Wenn wir glauben, dass wir uns für das Gute entschieden haben, doch dann schlechte Resultate bekommen, dann müssen wir nochmals unsere Absichten überprüfen. Wir neigen nämlich sehr leicht dazu, uns etwas vorzumachen. Wörtlich übersetzt bedeutet „*Karma*" eigentlich „Tat". Doch der Buddha erklärte: „*Karma* sind die Absichten." Wie können wir erfahren, ob wirklich alle Ursachen Wirkungen haben und ob das auch für uns persönlich Tag für Tag zutrifft? Wir müssen unseren eigenen Geist befragen. Was sind meine Beweggründe? Ist es Selbstsucht oder Hilfsbereitschaft? Will ich geben und schenken, oder will ich bekommen und behalten?

Aus: Hohelied, S. 49

Die Tragödie menschlicher Beziehungen

Sollten wir das Glück haben, einen Menschen zu finden, den wir wirklich lieben können, dann wollen wir natürlich an dieser Person festhalten. Wir sind ja der Meinung, dass unsere Liebe von der Existenz dieses Menschen abhängig ist, was natürlich eine Katastrophe heraufbeschwört. Wenn das Gefühl der Liebe im Herzen von der Existenz eines oder vielleicht mehrerer Menschen abhängig ist, dann ist unsere Liebe natürlich mit Angst verbunden, und Angst gehört unter die Rubrik Hass. Wir können keine Angst vor dem haben, was wir lieben, nur vor dem, was wir hassen. Wir hassen nicht diese liebenswerten Menschen, sondern die Idee, dass sie uns abhanden kommen könnten. Wir wissen unterschwellig genau, dass alles vergänglich ist, auch wenn wir uns noch so sehr dagegen sträuben, diesen Gedanken in unser Bewusstsein dringen zu lassen.

Merken wir dann vielleicht, dass dieser Mensch anders denkt und fühlt, als das vor Wochen oder Jahren der Fall war, dann wird die Angst eventuell zur Panik. Geschehen dann Dinge, die nicht erwartet oder gewünscht sind, verwandelt sich die Panik vielleicht sogar in Hass. Das ist in Kürze die Tragödie der menschlichen Beziehungen, die sich abspielt, wenn die bedingungslose Liebe *(Metta)* noch nicht entwickelt ist. Romane, Opern und Balladen handeln größtenteils davon.

Aus: Ohne mich, S. 99f

Menschen sind komisch –
und haben alle die gleichen Fehler

Lasst uns die Tatsache akzeptieren, dass der Buddha die Wahrheit erkannt hatte, als er sagte, dass jeder sieben tief verwurzelte Neigungen hat: sinnliche Begierde, Böswilligkeit, spekulative Ansichten, skeptischen Zweifel, Dünkel, Daseinstrieb, Unwissenheit. Findet sie in euch selbst. Lächelt sie an, brecht nicht ihretwegen in Tränen aus. Lächelt und sagt: „Nun, da seid ihr. Ich werde etwas mit euch machen."

Es gab einmal eine Fernseh-Show in Amerika mit dem Titel „Menschen sind komisch". Wir haben die seltsamsten Reaktionen. Wenn sie analysiert werden, können wir sie oft als absurd erkennen. Wir haben seltsame Begierden und Wünsche und unrealistische Vorstellungen von uns selbst. Es stimmt: „Menschen sind komisch"; warum denn nicht auch diese Seite von uns selbst sehen? Es macht es um vieles einfacher, das zu akzeptieren, was wir so inakzeptabel in uns und in anderen finden.

Das kontemplative Leben wird oftmals schweren Herzens gelebt. Ein gewisser Mangel an Freude wird damit ausgeglichen, dass man nach außen geht. Das funktioniert nicht. Man sollte eine Unbeschwertheit des Herzens kultivieren und bei sich innen verweilen. Es gibt nichts, worum man sich sorgen oder wovor man sich fürchten sollte, nichts, das zu schwierig wäre. *Dhamma* bedeutet das Naturgesetz, und wir manifestieren dieses Naturgesetz jederzeit. Wovon sollten wir loskommen? Wir können dem Naturgesetz nicht entfliehen. Wo auch immer wir sind, sind wir das *Dhamma;* wir sind unbeständig *(anicca),* unerfüllt *(dukkha)*, von keiner festen Substanz *(anatta)*. Es spielt keine Rolle, ob wir hier sitzen oder auf dem Mond. Es ist immer das Gleiche. So brauchen wir einen unbeschwerten Zugang zu unseren eigenen Schwierigkeiten und zu denen von allen anderen, aber nicht Überschwänglichkeit und ein Ausströmen der Gefühle. Vielmehr eine ständige Innerlichkeit, die ein bisschen Belustigung enthält. Das funktioniert am besten. Wenn man sich selbst gegenüber einen Sinn für Humor aufbringen kann, ist es viel leichter, sich selbst kraftvoll zu lieben. Es ist auch viel leichter, jeden anderen zu lieben.

Aus: Pfad, S. 26f

Realistisch unbeschwert

Wir denken manchmal, dass wir etwas darstellen könnten, was wir nicht sind. Das ist unmöglich. Der Buddha sagte, dass man einen Menschen erst kennt, wenn man ihn viele Male hat sprechen hören und mit ihm längere Zeit zusammengelebt hat. Menschen versuchen im Allgemeinen, sich als etwas Besseres zu zeigen, als sie tatsächlich sind. Natürlich werden sie dann von sich enttäuscht, wenn sie versagen, und in gleicher Weise auch von anderen. Sich selbst realistisch zu sehen, macht es möglich, wahrhaftig zu lieben, woraus die Unbeschwertheit des Herzens entsteht, die für diesen Läuterungsprozess notwendig ist. Uns und andere so zu akzeptieren, wie wir wirklich sind, erleichtert unsere Beziehung zu uns selbst und zu anderen.

Aus: Pfad, S. 29

Persönliche Macht entsteht aus innerer Klarheit

Persönliche Macht ist keine Frage des Willens. Wir gewinnen sie nicht, indem wir uns Autorität verschaffen, schon gar nicht, wenn uns diese Autorität nicht aus freien Stücken übertragen wird. Persönliche Macht ist auch keinesfalls nur eine Folge materiellen Reichtums, obwohl Reichtum schon etwas damit zu tun haben könnte, denn er fällt niemandem einfach in den Schoß. Persönliche Macht entsteht vielmehr aus Klarheit: innerer Klarheit.

Aus: Insel, S. 70

Reden ist eine Kunst

Man kann jedem Menschen sagen, was man ihm sagen möchte, vorausgesetzt, es ist hilfreich, vorausgesetzt, es ist wahr. Es muss nicht unbedingt anerkennend oder übermäßig verständnisvoll sein. Aber es muss Liebe dahinterstehen und es muss im richtigen Augenblick gesagt werden. Dieser ist gekommen, wenn der andere wirklich hinhören kann, weil er innerlich ruhig ist, wenn er uns zu erkennen gegeben hat, dass er uns zuhören wird, und wenn wir selbst vollkommen ruhig sind. In keinem Fall ist der richtige Augenblick für ein Wort der Klarstellung gekommen, wenn noch Ärger in der Luft hängt, weil dieser oder jener Fehler gemacht, dieses oder jenes versäumt wurde. Dies bedeutet, dass wir uns fortwährend prüfen müssen. Warum sage ich das? Muss ich es unbedingt sagen? Was wird daraus entstehen?

Aus: Insel, S. 37

Zuhören ist eine Kunst

Wenn zwei Menschen miteinander sprechen, sollten sie einander zuhören. Zuhören heißt, dass wir das Gesagte so aufnehmen, wie es tatsächlich gesagt wird, anstatt sogleich unseren eigenen Kommentar dazu zu vernehmen. Das ist überhaupt einer der schlimmsten Verstöße gegen das Zuhören, besonders wenn wir uns an sich für einen guten Zuhörer halten. Zuhören heißt, dass wir vollkommen leer sind, und vielleicht noch, dass wir, wenn notwendig, einfühlsam auf das Gehörte reagieren. Aber zuweilen ist nicht einmal dies nötig. Zuweilen müssen wir das Gesagte nur auf uns wirken lassen. Wie Vollkommene Rede ist auch das Zuhören eine besondere Fertigkeit, ja eine Kunst.

Es geht nicht allein darum zu hören, was uns geschildert wird. Wir müssen ganz und gar bei dem anderen Menschen sein, uns ihm vorbehaltlos öffnen. Das ist ein wichtiger Aspekt von Mitgefühl. Vollkommenes Zuhören ist Mitgefühl. Wir legen uns dann nicht unsere eigene Interpretation zurecht. Der andere möchte uns etwas sagen. In diesem Augenblick zählt das Geschwätz unseres eigenen Geistes überhaupt nicht. Wir sollten es abstellen und stattdessen bei dem anderen sein. Wir sollten zulassen, was in ihm nach Ausdruck drängt. Das ist Liebe. Allgüte. Auch was wir selbst sagen werden, muss zwangsläufig Misstöne enthalten und Unstimmigkeiten hervorrufen, wenn unsere Rede nicht von Liebe erfüllt, von Liebe getragen ist.

Aus: Insel, S. 34f

Wir können uns mit anderen freuen

Wir können lernen, Mitfreude zu haben, und dadurch uns und anderen das Leben erleichtern.

Die Menschheit hat die seltsame Angewohnheit, sich und anderen das Leben zu erschweren durch die Gedanken und Reaktionen, die wir ständig haben. Wir könnten genauso gut das Gegenteil tun und mehr Freude um uns verbreiten. Das ist nur möglich, wenn wir unsere Reaktionen ändern, und dazu gehört, dass wir ein anderes Blickfeld bekommen. Gerade bei der Mitfreude ist das eine bedeutsame Eigenschaft. Unser Augenmerk ist dann nämlich nicht nur auf das Gute gerichtet, das uns selbst widerfährt, sondern wir sind fähig, uns über das Gute zu freuen, das anderen geschieht.

Jedoch trifft man häufig das Gegenteil an. Obwohl wir uns das gar nicht zugestehen wollen, ärgern wir uns darüber, dass ein anderer das bekommen hat, was wir gerne selbst gehabt hätten. Im Allgemeinen möchten wir so tun, als freuten wir uns. Wenn wir aber unsere Emotionen einigermaßen kennen gelernt haben, dann merken wir, ob wir uns wirklich freuen, wenn ein anderer seine Wünsche erfüllt bekommt. Wenn wir nicht die gleichen Wünsche hatten, dann ist es etwas einfacher, uns mitzufreuen.

Der ferne Feind von Mitfreude ist Neid – das ist einfach zu erkennen –, aber der nahe Feind ist Heuchelei, so zu tun, als ob wir uns mitfreuen, aber es nicht wirklich zu empfinden.

Wieso ist es wichtig, Mitfreude zu praktizieren, zu üben und zu erlernen? Erstens einmal, weil wir dann Möglichkeiten haben, uns zu freuen, die wir sonst nicht wahrgenommen hätten. Das heißt also, wir haben mehr Freude in unserem Leben. Uns selbst kann nicht andauernd etwas geschehen, worüber wir uns freuen, aber wir kennen genug andere Menschen, bei denen wir vielleicht etwas sehen, was ihnen Freude gebracht hat. Außerdem haben wir eine Verbindung zu einem anderen Menschen aufgenommen auf der Ebene der liebenden Güte, des Verschenkens. Wir schenken dem anderen unsere Freude. Da die Freude jetzt auch in uns ist, ist sie mindestens verdoppelt.

Aus: Glück, S. 106f

Je mehr wir verschenken, desto mehr bekommen wir

Je mehr wir verschenken, desto mehr bekommen wir zurück. Wenige Menschen glauben das und haben den Mut, das einmal auszuprobieren. Es funktioniert jedoch auf jeder Ebene; auf der materiellen genauso wie auf der spirituellen. Ein Beispiel dafür ist Schwester Teresa von Kalkutta, die ihr ganzes Leben, ihr ganzes Sein verschenkt und von allen Seiten Hilfe bekommen hat. Dann denken wir: „Das sind außergewöhnliche Menschen, so außergewöhnlich bin ich nicht." Wir sind alle gewöhnlich und außergewöhnlich. Es kommt ganz darauf an, welchen Weg wir wählen. Wenn wir nicht glauben, dass wir desto mehr bekommen, je mehr wir verschenken, dann können wir es einmal mit Liebe und Mitfreude versuchen und sehen, ob es funktioniert. Wenn es nicht funktioniert, dann können wir ja gleich wieder damit aufhören.

Aus: Glück, S. 109

*Wenn wir uns helfen können,
können wir auch anderen helfen*

Wir können nur soweit helfen, wie wir uns schon selbst geholfen haben. Sonst wäre es, als wenn wir einem Bettler Geld geben möchten, aber keines haben. Das ist zwar eine gute Absicht, aber wir können sie nicht durchführen, alle Taschen sind leer. Wenn unser Herz leer von Mitgefühl ist, was wollen wir dann verschenken? Erst müssen wir einmal selbst wissen, wie wir Situationen meistern können, ohne dass wir darauf angewiesen sind, dass die Situation geändert wird, sondern nur, indem wir uns selbst ändern. Wenn wir das bereits geübt haben, dann können wir anderen dabei behilflich sein, auch so zu handeln, und dann ist Mitgefühl eine aktive und positive Haltung, die dem anderen sehr nützlich sein kann.

Aus: Glück, S. 86f

Warum geben wir?

Das Geben muss aus der richtigen Motivation heraus geschehen. Wer nur deshalb gibt, um das zu erreichen, was er will – vielleicht Dankbarkeit, Verdienst oder Macht –, geht fehl. Das ist eine Widersprüchlichkeit in sich selbst. Man gibt nicht, um zu bekommen. Man gibt, um zu geben. Nur wer das genau prüft, kann seinen Beweggrund klar erkennen. Wer wirklich nur um des Gebens willen gibt, wird auch etwas dafür bekommen, wie etwa Glück, Zufriedenheit und Geistesfrieden. Manche geben, weil sie merken, dass sie mehr haben, als sie brauchen. Andere geben, weil sie sehen, dass sie andere am eigenen Wohlstand teilhaben lassen müssen. Und dann gibt es noch Menschen, die nur aus dem Mitgefühl des Herzens heraus geben. Der Buddha gab uns Mitgefühl.

Diese Art des Gebens birgt Verdienste. Je mehr man aus Mitgefühl gibt, desto mehr Mitgefühl muss man besitzen. Das ist offensichtlich und logisch, aber kaum jemand zieht das in Betracht. Manche geben, um das Wohlwollen anderer zu erlangen. Je mehr man aber aus seinem Herzen heraus geben kann, über desto mehr Güte muss man verfügen.

Großzügigkeit jeder Art verkleinert das Ich, und deshalb ist sie die erste der zehn Tugenden, die entwickelt und beschützt werden müssen.

Aus: Ewigkeit, S. 160f

Vertrauen entsteht, wenn wir sagen, was wir meinen

„Geradlinig" sein: Das bedeutet, ohne Umschweife und ohne Schönfärberei oder Schmeicheleien auszudrücken, was man meint. Dazu gehört ein geradliniger Geist. Ein Mensch, der nicht geradlinig denken kann, wird es sehr schwer haben damit. Es ist eine Fertigkeit und muss durch aufmerksames Beobachten des Geistes kultiviert werden. Weiß man, dass jemand geradeheraus ist, ist es einfach, sich auf diesen Menschen zu verlassen. Wir wissen, dass er sagt, was er meint. Wir brauchen nicht zu rätseln, was er gemeint haben könnte. Solch einem Menschen können wir vertrauen. Vertrauenswürdigkeit unterstützt friedliche Beziehungen. Würden die Menschen einander mehr vertrauen und sich des Vertrauens würdig erweisen, gäbe es weit weniger Verwirrung in den menschlichen Beziehungen.

Aus: Ewigkeit, S. 117

Allein das eigene Herz zählt

Besonders dann ist es wichtig, diese Liebe entwickelt zu haben, wenn wir jemandem gegenüberstehen, der überhaupt nicht liebenswert ist. Bei dieser Gelegenheit können wir wirklich an der Umwandlung von Herz und Geist arbeiten. Dann sind wir nämlich dazu gezwungen. Die meisten kennen jemanden, den zu lieben schwer fällt. Dafür sollten wir dankbar sein. Im Rückblick kann man leicht dankbar sein. Doch im Augenblick der Konfrontation kommen all die negativen Seiten empor. Abneigung, Hass, die Rechtfertigung für unsere Abneigung und unseren Hass, Rationalisierung und Zorn. Liebevoll sollten wir gerade dann sein, wenn all diese negativen Gefühle uns überkommen. Das ist der beste Augenblick dafür.

Es ist jammerschade, wenn man solch eine Gelegenheit hat und sie ungenutzt lässt. Habt ihr gerade jetzt niemanden, der nicht liebenswert ist, dann sucht euch jemanden. Jeder Mensch gibt euch Gelegenheit, gütig zu sein, gleichgültig, was er oder sie ist, tut oder glaubt. Dabei spielt es keine Rolle, was die Betreffenden sagen, ob sie euch gegenüber Interesse zeigen oder ob sie sich als gütig erweisen oder nicht. Das alles zählt nicht. Was allein zählt, ist das eigene Herz, und das sollte man stets im Sinn behalten. Wird mein Herz liebevoll und offen, kann ich bewirken, dass es keinen Zorn und keinen Groll hegt, dann bin ich auf dem Weg des Dhamma einen großen Schritt weitergekommen. Das Dhamma will verstanden, verdaut und gelebt werden.

Uns allen bietet sich die Gelegenheit, an unseren Reaktionen auf andere zu arbeiten. Jeder begegnet dauernd anderen Menschen, und immer wieder gibt es dabei unterschiedliche Auffassungen. Wenn man seinen Mund hält und gar nichts sagt, so erwächst daraus keine liebende Güte. Daraus erwachsen lediglich Groll, Verdrängung und Sorge. Oder es kann aus solchem Verhalten auch Gleichgültigkeit resultieren. Nichts davon ist hilfreich oder läutert uns. Der große Erfolg, dass wir zuverlässig sind und Selbstgewissheit haben – kann sich nur einstellen, wenn wir sicher sind, dass wir stets aus der ganzen Fülle unseres Herzens reagieren.

Aus: Ewigkeit, S. 46f

Wir gehen mit Beziehungen um, als seien es Geschäfte

Die Liebe, die man für seine Familie empfindet, kann man als Grundlage für die Erfahrung von liebender Güte nutzen. Dann kann man sie weiterentwickeln und wachsen lassen. Erst dadurch erhält die Liebe zur Familie ihren tieferen Sinn. Andernfalls kann sie – wie so häufig zu beobachten – zu einem Wechselbad der Gefühle werden, vergleichbar mit einem unter Druck stehenden Wasserkessel. Die Liebesempfindung für die Familie müssen wir nutzen, um jene wahre Herzensgüte zu entwickeln, die nicht auf solchen Voraussetzungen fußt wie: „mein Mann, meine Frau, mein Sohn, meine Tochter, mein Onkel, meine Tante, meine Mutter, mein Vater". Hier geht es uns noch um „ich" und „mein". Bevor wir darüber nicht hinaus- und zu bedingungsloser Liebe hingelangen, hat die Liebe zur Familie ihren wahren Zweck nicht erfüllt. Sie hat dann lediglich zur Stärkung des Ego und zum Überleben gedient. Am Leben zu bleiben ist ein aussichtsloses Unterfangen, daher sollten wir keine Energie darauf verschwenden. Atombombe hin oder her: Überleben werden wir auf keinen Fall. Es gibt nur einen einzigen Ort, wo wir alle hingehen, wo wir uns alle wiedertreffen. In unseren Freundschaften haben wir die gleichen Schwierigkeiten mit dem Anhaften. Wir hängen an unseren Freunden. Wir wollen sie nicht verlieren. Wir behandeln sie gut, damit sie unsere Freunde bleiben. Sind sie nicht ebenfalls nett zu uns, beginnen wir umgehend zu überlegen, ob wir mit ihnen befreundet bleiben sollten. Wir wollen, dass man uns die gleiche Freundschaft erwidert, die gleiche

Rücksichtnahme und Fürsorge. Es wird zu einem Geschäft: Ich gebe etwas und will dafür einen guten Gegenwert haben. Die meisten Menschen machen dies mit solcher Selbstverständlichkeit, dass wir noch nicht einmal darüber nachdenken. So verfahren wir mit unseren Freunden, aber auch mit denen, die wir innig zu lieben glauben. Erwidern sie unsere Liebe nicht, fühlen wir uns verwaist, verzweifelt und deprimiert. Verlässt uns jemand, dann scheint die Liebe dahin zu sein. Ist es nicht widersinnig, dass Liebe auf eine, zwei oder drei Personen eingeschränkt werden soll?

Aus: Ewigkeit, S. 44f

*Wir tun uns selbst einen Gefallen,
wenn wir nicht mit Dankbarkeit rechnen*

Der Buddha hat an einer Stelle von drei Raritäten gesprochen. Eine Rarität ist, dass ein Buddha auf der Welt ist, die zweite Rarität ist, dass jemand etwas Gutes tut, und die dritte, dass ein anderer dafür dankbar ist. Sollten wir also Dankbarkeit suchen, haben wir keine großen Chancen. Dankbarkeit entwickeln wir im eigenen Herzen. Dankbarkeit von anderen ist Resultatdenken. Wenn wir mit Dankbarkeit rechnen, negieren wir das Gute, was wir tun, weil materielles Denken des Bekommens sich eingeschlichen hat.

Aus: Glück, S. 89

5
Leid, Tod und Sterben: Das Wünschen loslassen

Krank sein ist normal

Gelegentlich fühlen wir uns physisch nicht ganz wohl. Das ist kein Grund unzufrieden zu sein." Ich bin von meiner Natur aus zu Krankheit bestimmt." Wir rezitieren diesen Satz jeden Abend. Das heißt aber nicht, dass ich darüber unglücklich und unzufrieden werden muss. Die Natur des Körpers macht Krankheit unvermeidlich. Also, der Körper fühlt sich nicht wohl – mehr nicht. Der Körper hat Schwierigkeiten. Das ist nicht ungewöhnlich. Der Körper hat immer irgendwelche Schwierigkeiten.

Aus: Insel, S. 29

Der Körper ist nicht vollkommen

Der Buddha erklärte, dass der ungeübte und nicht erleuchtete Schüler zwei Pfeile habe, die ihn schmerzen, und der erleuchtete und geübte dagegen nur einen. Die beiden Pfeile sind Geist und Körper, der eine ist nur der Körper. Auch der Buddha war manchmal krank, aber er lehrte trotzdem weiter. Die Krankheit konnte ihn nicht bremsen. Schließlich wurde er sehr krank, und als er an der Schwelle des Todes stand, begab er sich in die meditativen Vertiefungen und starb. Magenkrämpfe haben keine Abschreckung für ihn.

Auch der Geübte und Erleuchtete hat körperliche Probleme. Der Körper ist nun mal nicht vollkommen. Wird der ungeübte Schüler solchermaßen heimgesucht, wird sein Geist etwa folgendermaßen reagieren: „Ich fühle mich so schlecht. Ich kann dies oder jenes nicht tun wegen meiner Kondition. Mein Körper schmerzt, so dass ich nicht länger sitzen kann." Das Schlimmste ist der dauernde Versuch, sich dem anzupassen, was der Körper fordert. Ist es überhaupt möglich, eine Situation zu schaffen, in der der Körper sich auf Dauer absolut wohl fühlt? Ist das irgendeinem Menschen jemals gelungen? Man kann sich hin und her bewegen, ein Klima nach dem anderen ausprobieren, sich vom Stuhl auf die Couch und von dort auf den Boden setzen – und was passiert? Gar nichts – es wird immer ein Problem auftauchen. Also kann man genau so gut versuchen, mit der momentanen Situation klarzukommen.

Aus: Ewigkeit, S. 149f

Nicht auf das Angenehme fixiert sein

Wir sitzen ganz ruhig in der Meditation. Mit der Zeit kommen Rücken- oder Knieschmerzen oder beides. Wir können feststellen: „Berührungskontakt in der Sitzstellung. Unangenehmes Gefühl als Folge." Dann kommt das Etikett „Schmerz" und die Reaktion: „Das ist ja schrecklich. Ich hätte mir doch meinen Stuhl von zu Hause mitbringen sollen. Wozu überhaupt so sitzen? Das kann doch keinen Sinn machen. Ich habe immer gewusst, ich eigne mich nicht für die Meditation." Und dann hören wir schnell wieder auf mit der Meditation und versuchen etwas Neues, weil das Knie weh getan hat, weil wir Berührungskontakt hatten, weil wir darauf geeicht sind, dass alles angenehm sein soll. Es darf uns nichts weh tun. Wieso eigentlich nicht? Wer hat denn das erfunden? Vielleicht die Ärztekammer?

Solange wir einen Körper haben, wird immer irgendetwas nicht in Ordnung sein. Es geht einfach nicht anders. Am Schluss stirbt er noch weg, wahrscheinlich am falschen Tag. Dass wir den Körper ganz in Ordnung halten können, ist eine Phantasie, eine Utopie. Wenn wir ihn schmerzfrei und funktionsfähig haben, können wir uns glücklich preisen. Das vergessen wir meistens, obwohl es ein wichtiger Punkt ist, dankbar zu sein, wenn der Körper einen halben Tag keine Beschwerden hat. Weder war ihm zu heiß, noch zu kalt, noch hat ihm der Rücken oder irgendetwas weh getan, er war weder hungrig noch übersättigt. Alles ging einen halben Tag lang wunderbar. Statt dankbar zu sein, wenn es uns gut geht, sind wir ärgerlich, wenn es nicht so läuft und müssen sofort etwas unternehmen, damit der Körper sich wieder angenehm anfühlt. Bei der Sitzstellung können wir das genauestens kennen lernen. Obwohl wir im Prinzip genau wissen, dass Meditation sehr gut für uns wäre, lassen wir uns durch unangenehme Gefühle davon abhalten. Das ist wieder ein Beispiel dafür, dass wir wissen, was richtig ist, es aber nicht verwirklichen können, weil wir uns auf das Angenehme fixiert haben.

Aus: Glück, S. 25–27

Wie Leiden uns hilft

Es gibt verschiedene Möglichkeiten, mit dem Leiden umzugehen. Die erste und beliebteste Reaktion ist es, andere zu beschuldigen. Das ist der einfache Weg. Alle Menschen spielen dieses kindische Spielchen. Die zweite Art, auf Schmerz und Unerfülltheit zu reagieren, ist die Depression. Man lässt sich fallen und schwelgt im Unglücklichsein. Die dritte Reaktionsweise ist das Selbstmitleid mit der Einbildung, dass alles Leid der Welt einen heimsucht: „Niemand ist so unglücklich wie ich." Das ist offensichtlicher Unsinn. Wer sich selbst bemitleidet, erwartet von den anderen Mitgefühl. Das funktioniert aber nicht, man lernt und gewinnt nichts. Ganz im Gegenteil: Man wird den anderen eine Last. Eine weitere Art, dem Leiden zu begegnen, ist es, die Zähne zusammenzubeißen, die Reaktionen zu unterdrücken und vorzugeben, dass alles in Ordnung sei. Aber auch das bringt nichts, weil Vortäuschung nie wirkt.

Es gibt aber auch noch eine fünfte Methode: Man blickt dem Leiden ins Gesicht und grüßt es mit den Worten „Aha, da bist du wieder, alter Freund. Was soll ich denn diesmal lernen?" Das ist die richtige Sichtweise. Damit haben wir dann wirklich verstanden, warum das Menschenreich das beste Reich ist, um Erleuchtung zu erlangen. Das Leiden ist unser bester Lehrmeister, weil es uns anhängt und uns fest im Griff behält, bis wir die jeweilige Lektion begriffen haben. Erst dann lässt das Leiden uns los. Haben wir nichts gelernt, dann können wir sicher sein, dass dieselbe Lektion wieder auf uns zukommt, weil das Leben nichts anderes ist als ein Kurs zur Bildung Erwachsener. Sind wir in einem Fach durchgefallen, müssen wir die Prüfung einfach wiederholen. Ganz gleich, welche Lektion wir verpassen – wir müssen sie wiederholen. Deshalb reagieren wir oft auf die gleiche Art und Weise auf ähnliche Situationen. Immerhin wird die Zeit kommen, wo wir das erkennen und die richtige Sicht erlangen, indem wir denken: „Ich muss etwas tun, denn ich habe immer wieder das gleiche Problem."

Aus: Ewigkeit, S. 188f

Verzichten

Entsagung kann verschiedene Formen annehmen. Sie kann sich in Selbstdisziplin zeigen, indem wir ein wenig früher aufstehen, als wir eigentlich müssten, und damit auf ein wenig Bequemlichkeit verzichten. Verzicht kann geübt werden, wenn wir nicht immer dann etwas zu uns nehmen, wenn es uns einfällt, sondern so lange abwarten, bis der Hunger tatsächlich auftritt. Wenn wir ans Lebensende gelangen, müssen wir ganz plötzlich allem entsagen. Wir können nichts von dem, was wir besitzen, mitnehmen – nicht einmal den eigenen Körper. Es wäre angebracht, schon etwas über den Tod zu lernen, bevor er da ist. Weil das so selten geschieht, ist der Todeskampf oft furchtbar. Manche Menschen dürfen friedlich sterben, aber die meisten sind nicht bereit, auf alles zu verzichten, alles zurückzulassen, weil sie zuvor noch keinen Gedanken daran verschwendet hatten.

Ewigkeit, S. 165

Bei Fehlern helfen Geduld und Nachsicht

Geduld bedeutet auch, Nachsicht zu üben, weil wir an uns selbst erkennen können, wie schwierig es ist, immer das Gute und Heilsame zu praktizieren. Dies ist vor allen Dingen unerlässlich, wenn wir die Tendenz haben sollten, von uns und anderen perfekte Handlungen zu erwarten. Leider ist dies ziemlich weit verbreitet. Es ist eine Art Stolz, der uns nicht zugeben lässt, dass wir Fehler machen, was aber durchaus menschlich ist. Indem wir Fehler machen, laden wir weder Schuld auf uns noch begehen wir eine Sünde oder machen uns strafbar, außer wenn es sich um Fehler handelt, die allgemein als Verfehlung anerkannt werden. Wenn es sich jedoch um die täglichen kleinen Fehler handelt, die jedem passieren, müssen wir Nachsicht üben. Das heißt nicht, dass wir sie nicht verbessern wollen. Aber wir können uns daran erinnern, dass wir Kinder auf dem spirituellen Pfad sind, und mit kleinen Kindern ist man immer nachsichtig. Man kann von ihnen nicht erwarten, dass sie schon perfekt und fehlerfrei sind. Im Gegenteil, sie versuchen vieles zu tun, für das sie noch nicht die nötigen Fähigkeiten haben. Wenn beispielsweise ein Dreijähriger versucht, Geschirr abzuwaschen, wird es Scherben geben. Da ist Geduld und Nachsicht angebracht. Dieselbe Einstellung müssen wir dem Kind in uns entgegenbringen. Wenn wir uns bemühen zu wachsen, werden sich die Resultate einstellen.

Aus: Ohne mich, S. 98

Das Unmögliche wird möglich

In der Meditation oder im spirituellen Leben ist es nicht anders. Jeder ist sich selbst der schlimmste Feind. Ihr habt keinen anderen Feind als euch selbst. Kein Mensch schränkt eure Meditation willkürlich ein. Kein Mensch setzt eurem geistigen Streben und eurer spirituellen Entwicklung irgendwelche Grenzen. Kein Mensch hält euch auf, wenn nicht Ihr selbst, wenn nicht eure Gedankentürme und Vorstellungen, eure Idee, dass dieses oder jenes eben unmöglich, nicht realisierbar ist.

Dreht den Spieß einfach um. Denkt an das, was Ihr tun könnt. Dann wird das Unmögliche möglich.

Aus: Insel, S. 102

Jeder kann lernen, heil zu werden

Die Lehrrede (über die liebende Güte, Sutta-Nipata [I, 8], die Herausgeberin) beginnt: „Was von jemand getan werden sollte, der im Heilsein geübt ist ..." Das ist eine interessante Aussage, denn es erklärt Heilsein als eine Kunstfertigkeit, und diese kann erlernt werden. Wir alle haben Fertigkeiten erlernt: Reden ist eine, sogar Gehen ist eine. All das mussten wir lernen, als wir noch sehr klein waren, und jetzt, nach all diesen Jahren, können wir es doch recht gut. Meditation ist eine Fertigkeit und kann erlernt werden und wird erlernt. Ein Auto zu fahren und Wäsche zu waschen sind Fertigkeiten. Wir lernen diese fast automatisch durch täglichen Kontakt damit.

Aus: Ewigkeit, S. 114f

Das Wünschen loslassen

Mit uns selbst zufrieden sein bedeutet, dass uns genügt, was wir bereits haben, dass wir mit unserem Aussehen, unseren sprachlichen Ausdrucksmöglichkeiten, unserem Leben, unseren Reaktionen zufrieden sind. Unser Dasein und wie es verläuft, ist in einen Flor der Zufriedenheit gehüllt. Dies heißt nicht, dass wir uns vielleicht nicht noch weiterentwickeln könnten. Dies könnten wir durchaus. Aber es wird uns nicht so recht gelingen, wenn wir das Gefühl eines tief sitzenden Ungenügens in uns tragen. Dann stehen wir immer unter der Spannung der Sehnsucht: Wir wünschen uns, dass alles ganz anders wäre.

Wünschen ist Spannung. Wünschen bedeutet, dass wir unbefriedigt sind. Was wir auch wünschen, es ist seinem Wesen nach Nicht-Erfüllung *(dukkha)*. Je mehr wir das Wünschen loslassen, desto mehr lassen wir auch Dukkha los. Vom Wünschen können wir jedoch nur lassen, wenn wir mit dem zufrieden sind, was jetzt bereits da ist.

Aus: Insel, S. 94

Ein Menschenleben ist kostbar

Der Buddha hat gesagt, dass ein Menschenleben etwas sehr Wertvolles ist. Haben wir das überhaupt schon einmal als Gedankenstütze in uns aufgenommen? Nicht, dass wir persönlich so wertvoll sind, aber ein Menschenleben als solches, das wir ja alle erreicht haben, kann wundervolle Resultate erzielen. Das soll nicht die einzelne Person überbewerten. Andererseits darf es uns aber auch nicht zu Lässigkeit und Trägheit verleiten, so dass wir nichts anderes im Sinn haben, als unsere Wünsche erfüllt zu bekommen. Ein Menschenleben ist darum so wertvoll, weil wir den Samen der Erleuchtung in uns tragen.

Die meisten Menschen haben sich noch nicht damit beschäftigt, diese Tatsache in ihr Gedankengut aufzunehmen. Geschweige denn können sie spüren, dass dieser Samen der Erleuchtung in ihnen existiert. Meistens ist sogar dieser Ausdruck unbekannt. Bei den christlichen Mystikern nannte es zum Beispiel Meister Eckhart „das Fünkelein" oder „der Funken". Es ist gleichgültig, wie wir es nennen. Eine tiefe innere Sehnsucht nach Vollkommenheit kennt fast jeder. Es gibt natürlich Menschen, die nur rein materiell denken. Aber dennoch spüren die meisten eine bedeutsame Sehnsucht nach innerem Glück und innerem Frieden. Dann begeben wir uns auf hunderte und tausende von Abwegen, um das zu finden. Wir können uns nicht nur ein Leben, sondern viele hunderte von Leben damit beschäftigen, von außen durch die Sinne Glück zu finden.

Aus: Glück, S. 17f

Leben in Liebe

Unser Erinnern an die eigene Sterblichkeit bedeutet auf keinen Fall, dass wir unseren Verpflichtungen und Verantwortungen nicht mehr nachkommen, im Gegenteil: Was wir mit Liebe tun, ist wohlgetan. In Wirklichkeit: Was wir mit Liebe tun, ist spirituell getan. Was wir ohne Liebe tun, kann noch so spirituell aussehen, hat aber keinen spirituellen Inhalt. Wenn wir uns ohne Liebe auf das Kissen setzen, ist kein spiritueller Werdegang möglich. Wenn wir liebevoll Toiletten putzen, sind wir dabei, uns spirituell zu entwickeln. Teresa von Avila hat gesagt: „Ich brauch nicht noch eine ‚heilige‘ Nonne, ich brauche eine, die Toiletten putzt."

Aus: Glück, S. 63

Worauf kommt es an?

Wir sollten uns täglich daran erinnern, dass wir alle dem Tod entgegengehen. Geburt ist eine Garantie für den Tod, denn alles, was entsteht, muss auch vergehen. Wir können uns auch überlegen, was noch wichtig ist, wenn wir auf unserem Totenbett liegen. Ist es wichtig, wie oft wir Recht gehabt haben oder wie oft wir jemanden verurteilt haben oder wie viele Menschen uns gleichgültig waren? Oder kommt es darauf an, wie oft und wie viel wir geliebt haben und wie voll das Herz immer noch von Liebe ist? Wir können uns überlegen, um was es wirklich geht. Keiner weiß, wann sein Tod kommt. Wir glauben, er kommt im Alter, aber auch das ist ein *karmisches* Resultat, das nicht jeder hat. Wenn wir uns einen Friedhof beschauen und die Grabsteine lesen, so ist jedes Alter vertreten, von einer Stunde bis über hundert Jahre.

Aus: Glück, S. 62f

Wahrheit befreit

Jede Wahrheit muss letztendlich zu Freiheit und Befreiung führen. Die Menschen suchen auf vielen unterschiedlichen Wegen nach Wahrheit bei unzähligen Ideologien. Manche davon sind angsteinflößend, weil sie einen Teil der Menschen unterdrücken und einen anderen Teil erheben. Manche befassen sich mit Vergeltung und Überlegenheit. Der menschliche Geist erfindet solche Denkmodelle. Der nichterleuchtete Geist begründet seine Ideologien auf der Ich-Illusion, weshalb keine von ihnen absolute Befriedigung schenken kann.

Die Suche nach der Wahrheit ist eine gute Sache, und junge Leute sollten suchen, und auch die älteren Menschen sollten nicht damit aufhören. Unglücklicherweise hört aber die Suche nach der Wahrheit auf. Die Menschen sind so damit beschäftigt, ihren täglichen Verpflichtungen zum Zwecke des Überlebens nachzukommen, dass das Suchen nach der Wahrheit hinter allen Erscheinungen ihre Fähigkeiten zu übersteigen scheint. Sie haben einfach nicht genug Energie oder Interesse dafür. Unglücklicherweise verfügt der junge Mensch noch nicht über genügend Weisheit, um die Wahrheit zu erkennen, und der ältere, der die Weisheit der Erfahrung besitzt, hat keine Energie mehr. Wie Bernard Shaw sagt: „Die Jugend ist an die Jungen verschwendet."

Man sollte auf der Suche nach Wahrheit nie nachlassen – keinen Augenblick. Fährt man mit der Suche stetig fort, muss man schließlich zu der Erkenntnis gelangen, dass die Wahrheit nicht vom Menschen stammt. Wahrheit muss universal sein. Sie muss allen zugänglich sein, nicht nur gewissen Menschen, Kreisen, Nationen oder Religionen. Sie muss einen Weg zeigen, menschliches Leid zu beenden – total und unwiderruflich –, nicht nur momentan und nur für eine bestimmte Gruppe.

Aus: Ewigkeit, S. 174

Geduld

Ungeduld spiegelt das Ego wider, denn sie zeigt, dass wir die Dinge so geschehen lassen, wie wir sie geplant haben. Zudem sollen sie auch noch zu dem von uns gewählten Zeitpunkt geschehen. Wir vergessen, dass es andere Faktoren – vor allem andere Menschen – gibt. Ebenso vergessen wir, dass es sich hier um einen einzigen Menschen handelt – wo es auf der Erde doch über fünf Milliarden gibt. Außerdem ist die Erde nicht mehr als ein winziger Punkt in dieser Galaxie, und es gibt noch unzählige andere Galaxien. Praktischerweise vergessen wir diese Tatsachen. Wir wollen alles so haben, wie wir es uns vorstellen – und zwar schnell. Geschieht nicht alles nach unseren Vorstellungen, wird ein ungeduldiger Mensch unweigerlich ärgerlich. Ungeduld und Zorn sind ein Teufelskreis.

Geduld hat die Qualität von Einsicht. Man ist sich klar darüber, dass Pläne zwar gemacht werden, dass aber alles mögliche damit passieren kann. Manchmal ist das sogar von Nutzen. Man ist willens, auch Rückschläge hinzunehmen.

Aus: Ewigkeit, S. 170

Der Tod ist unser Geburtstag

Wir alle werden sterben. Der Augenblick des Todes ist bedeutsam, weil er der Moment der Wiedergeburt ist. Eigentlich ist er unser Geburtstag. Alle reden vom Tod als etwas Traurigem, das von Kummer erfüllt ist. Wird der Tod bewusst erfahren, mit Gewahrsein und voller Herzensgüte, dann ist er ein guter Geburtstag. So ist das, falls man kein Arahant ist. Unsere gewohnheitsmäßige Art zu denken und zu fühlen wird uns bis ans Lebensende, bis zum Augenblick des Todes begleiten. Das gewohnte Denkmuster kann nicht plötzlich verändert werden. War es von liebender Güte geprägt, dann werden Gewahrsein, keine Angst, Frieden und Sicherheit im Herzen sein. Der Augenblick des Todes muss ein gewinnbringender Moment sein, weil er der Beginn eines ganz neuen Lebens ist.

Aus: Ewigkeit, S. 52

Nach dem Tod

Der Buddha wurde von dem Wanderer Vacchagotta gefragt: „Was geschieht mit einem Erleuchteten nach dem Tod? Wohin geht er?" Der Buddha antwortete: „Wanderer, zünde ein Feuer mit den herumliegenden Hölzchen an." Er zündete also ein Feuer an. Darauf sagte der Buddha: „Wirf nun noch etwas Holz hinein." Er tat es, und der Buddha fragte: „Was geschieht?" Vacchagotta antwortete: „Oh, das Feuer brennt gut." Darauf sagte der Buddha: „Und jetzt hör auf, Holz hineinzuwerfen." Nach einiger Zeit ging das Feuer aus, und der Buddha fragte: „Was ist mit dem Feuer passiert?" Darauf der Wanderer: „Das Feuer ist ausgegangen." Der Buddha fragte: „Wohin ist es gegangen? Ist es vorwärts, rückwärts, nach rechts oder links gegangen, nach oben oder nach unten?" Der Wanderer sagte: „Es ging nirgends hin, es ging einfach aus." Darauf der Buddha: „Das stimmt. Genau das geschieht mit einem Erleuchteten nach dem Tod."

Aus: Ewigkeit, S. 107

Was ist Wiedergeburt?

Die Wiedergeburt wird oft mit Faszination, Hoffnung, Wunschdenken oder totaler Ablehnung betrachtet. Ein klassisches Gleichnis für die Wiedergeburt handelt von einer Kerze. Eine Kerze ist bis zu einem kleinen Rest heruntergebrannt. Eine neue Kerze wird an der verlöschenden entzündet, dann geht die alte Kerze aus, und die neue brennt weiter. Es gibt offensichtlich einen neuen Wachskörper, aber ist es die gleiche Flamme oder eine andere? Würden wir abstimmen, dann wäre die eine Hälfte von euch der Ansicht, es handele sich um die gleiche Flamme, und die andere Hälfte würde für eine andere Flamme stimmen. Keines von beiden ist richtig. Was geschieht, ist eine Energieübertragung. Die Hitze wurde übertragen. Hitze ist Energie, und das geschieht bei der Wiedergeburt: eine Übertragung der Hitze unserer Lebensleidenschaft. Unser leidenschaftlicher Wunsch zu überleben erlischt nicht bis zur Erleuchtung.

Aus: Ewigkeit, S. 107

6
MEDITATION:
SICH AUF DEN WEG MACHEN

Welche Freiheit verspricht der Buddha?

Der Buddha hat etwas versprochen, was wir gar nicht kennen, nämlich vollkommene Freiheit. Aber was bedeutet Freiheit? Vielleicht bedeutet es, nicht im Gefängnis zu sein oder dass wir machen können, was wir wollen, was aber meistens nicht gut ausgeht. Oder denken wir an freie Wahl? Auf der spirituellen Ebene bedeutet Freiheit etwas anderes. Es heißt, von jeglichem Leid, Kummer, Sorgen, Unerfülltheit, Sehnsüchten frei zu sein, es meint, vollkommen heil und geheilt zu sein. Diese Freiheit ist für jeden Menschen erreichbar und möglich. Wir müssen uns allerdings richtig bemühen. Von Aurelius Augustinus ausgedrückt als „anfänglich", dann „wachsend" und „endgültig vollendet". Wichtig ist es, einmal anzufangen und zu wissen, dass vollkommene Freiheit möglich ist, die uns unabhängig von Dingen, Situationen und Menschen macht.

Aus: Liebe, S. 46f

Erkennen und Erleben

Zwischen dem intellektuellen Verstehen und dem wirklichen Verändern liegt das innere Nachvollziehen, das heißt das Realisieren in kleinen Schritten. Wenn man etwas hört oder liest, was einem sinnvoll erscheint, muss man sich das zuerst einmal merken oder zumindest aufschreiben und immer wieder lesen. Dann soll man sehen, ob es eine Beziehung zu dem hat, was in einem selber vorgeht. Wenn ja, kann man etwas damit anfangen, immer und immer wieder, bis es eine Änderung hervorgerufen hat. Es geht also vom Kopf zum Herz, vom Intellekt zum Gefühl, aus dem auch die Weisheit kommt. Man braucht dazu am Anfang etwas Wissen. Wer zum Beispiel am spirituellen Leben interessiert ist, sollte sich ein gewisses Wissen darüber aneignen. Weisheit macht man sich erst zu eigen, indem man effektiv praktiziert, so dass man im Rückblick die Veränderung erkennen kann.

Zwischen Verstehen und Verändern liegen Widerstände, die daher kommen, dass wir nicht nur in diesem, sondern in vielen, vielen Leben gewohnheitsmäßig so gedacht haben wie jetzt.

Darum rate ich immer wieder: Schaut alles an, als wäre es noch nie dagewesen. Wir müssen wieder zum Kind werden, aber nicht mit dem Unverstand eines Kindes, sondern mit dem Vorteil, dass wir schon einen gereiften Verstand haben, nur leider überdeckt mit unseren althergebrachten Ideen. Ein Kind weiß nicht, was innen und außen vorgeht, und sieht es neu, kann es wohl erleben, aber durch den nicht gereiften Verstand nicht erkennen. Wir können erkennen, aber nicht erleben. Wir müssen beides zusammenbringen, dann weicht der Widerstand von selbst.

Aus: Meditation, S. 186

Meditation ist kein Luxus

Meditation ist kein Luxus, den wir uns erlauben können, wenn wir nichts Besseres zu tun haben, sondern der Weg zur Heilung des Geistes. Wir sind alle daran interessiert, einen heilen Körper zu haben, was auch sehr wichtig ist. Gesundheit ist eines der fünf vom Buddha genannten Kampfesglieder, das uns mehr Kräfte und Fähigkeiten für die Arbeit auf dem Weg zur Freiheit vermittelt. Ein heiler Körper ist zwar hilfreich, aber das bedeutet noch nicht, auch einen heilen Geist zu haben. Dorthin geht unsere Sehnsucht und durch die Meditation erfahren wir unser inneres Potential.

Aus: Liebe, S. 55

Meditation – nicht ohne Freude

Aber ohne Freude in Herz und Geist werden wir nicht in der Lage sein zu meditieren. Das Universum selbst muss von Freude erfüllt sein. Wenn wir Freude in uns haben, dann strömt sie auch aus uns heraus. Wir vergessen ständig, dass nicht nur der materielle Abfall die Umwelt vergiftet, sondern dass unsere negativen Gefühle und Gedanken dies ebenso tun. Manchmal können wir das tatsächlich fühlen, wenn wir einem Menschen begegnen, bei dem dies deutlich spürbar ist.

Mitfreude ist die dritte der „göttlichen Verweilungsstätten" (Brahma Viharas). Sie ist eine Fähigkeit, die Übung, aber auch Klugheit erfordert. Man benötigt Klarblick, um zu erkennen, wie viel Schaden Neid anrichten kann. Der Mensch, den wir beneiden, mag unsere Gefühle überhaupt nicht wahrnehmen; wir schaden damit nur unserem eigenen inneren Wesen. Neid ist ein heimtückischer Rost, der alles, womit er in Berührung kommt, zerfrisst.

Es mag sein, dass wir in unserem eigenen Leben nichts besonders Freudvolles erfahren. Wenn wir aber in der Lage sind, an der Freude anderer teilzunehmen, dann haben wir eine viel größere Chance, selbst dauerhafte Freude zu empfinden. In dem gleichen Maße, mit dem wir die Leistungen und Fähigkeiten, das Wissen und die Fürsorge anderer schätzen lernen, wird sich unsere Kritik an dem, wozu sie noch nicht imstande sind, verringern.

Aus: denken, S. 76f

Basis für die spirituelle Entwicklung

Der Buddha war ein großer Realist – einer der pragmatischsten Lehrer spiritueller Wahrheit, der je gelebt hat. Er wusste, dass wir eine sichere Basis für das weltliche Leben haben, wenn wir Fähigkeiten besitzen, welcher Art sie auch sein mögen. Wir können immer wieder erkennen, dass wir, um ein spirituelles Leben zu führen, zunächst unser weltliches Leben auf einer soliden Grundlage aufbauen müssen. Wenn uns das gelingt, dann können wir damit unsere spirituelle Praxis bereichern und das Gewöhnliche in das Außergewöhnliche transformieren.

Aus: Nicht so viel denken, mehr lieben, S. 21

Wie Meditation uns verändert

Einsichten sind wahrheitsgemäß und richtig, wenn wir sie in unserem Leben anwenden können. Als Beispiel: Während der Meditation mögen wir klar erkannt haben, dass wir der Eigentümer unseres *Karmas* sind, verantwortlich für alles, was uns geschieht. In dem Moment ist es erkanntes Erleben. Aber es wird nur Früchte tragen, wenn wir auch danach handeln. Das heißt, wir sollten uns konsequenterweise dafür entscheiden, von jetzt an möglichst wenig schlechtes *Karma* zu machen. Auf diese Weise findet spirituelles Wachstum statt. Wir nehmen das meditative Erleben als Auslöser und handeln so oft danach wie es unsere Achtsamkeit erlaubt. Das lässt die neue Einsicht zum Teil unseres Seins werden. Durch diesen allmählichen Prozess werden wir uns langsam zu einem anderen Menschen verändern.

Aus: Wenn nicht ich, S. 91f

Spirituelle Praxis ist Läuterung

Spirituelle Praxis wird oft missverstanden und als etwas Besonderes angesehen. Das ist es aber nicht. Es geht einfach darum, unseren Körper und Geist kennen zu lernen, also um Selbsterkenntnis – etwas Selbstverständliches. Manche Menschen glauben, sie seien spirituell, wenn sie Meditation oder Rituale, Andacht oder Rezitationen praktizieren. Oder es mag für uns mit einem bestimmten Menschen verbunden sein, ohne den die Praxis nicht stattfinden kann. Dies sind Ansichten und Meinungen, die uns auf dem Weg nicht weiterbringen. Diese Haltung führt dazu, dass wir unsere Persönlichkeit in mehrere Identifikationen spalten: zum Beispiel in den gewöhnlichen Menschen, der die alltäglichen weltlichen Aufgaben verrichtet und in den, der zu bestimmten Zeiten auf verschiedene Art und Weise spirituell wird. Meditation, Rituale, andächtige Übungen, Rezitationen, bestimmte Plätze, gewisse Menschen können für unser Leben wichtig sein, aber sie sind nicht der Kern wahrer Spiritualität. Unsere Praxis besteht aus ständiger Läuterung, um nichts anderes geht es auf dem spirituellen Weg. Eines Tages kommen wir zu dem Punkt, wo unsere Geistesregungen und Gefühle nicht nur gut und liebevoll, sondern auch voller Weisheit sind, zum Wohl für uns und andere. Das wäre vielleicht ein Ziel für unser Leben. Um jedoch zu diesem Ziel zu kommen, müssen wir genau wissen, wo wir uns jetzt befinden. Wie könnten wir sonst die Reise beginnen? Viele Menschen drehen sich in ihrer spirituellen Praxis im Kreis, weil sie entweder übertriebene oder minderwertige Vorstellungen von ihrem eigenen Wert haben. Beide Extreme sind einem gründlichen Erkennen von uns selbst abträglich.

Aus: Wenn nicht ich, S. 78f

Meditation hilft gegen Trägheit

Der erste Schritt in der Meditation ist die anfängliche Sammlung: Wir konzentrieren uns auf unser Meditationsobjekt und sammeln unseren Geist. Das arbeitet der Lässigkeit und Trägheit des Geistes entgegen, die uns so oft gefangen halten. Wenn wir an Trägheit leiden, merken wir das auch im täglichen Leben. Wir kommen nämlich zu nichts und haben immer zuviel zu tun. Menschen, die wirkliche Geistesenergie haben, finden immer noch extra Zeit für wichtige Dinge. Menschen, die zu nichts kommen oder nie fertig werden, sind im Gefängnis der Lässigkeit und Trägheit des Geistes gefangen. Der Körper ist ja nur der Bedienstete des Geistes. Wenn wir in Lässigkeit und Trägheit verfallen, können wir nicht klar erkennen, wie weit unsere Fähigkeiten eigentlich reichen. Wir glauben, zu müde, zu überarbeitet, zu überfordert zu sein.

Aus: Ohne mich, S. 127f

Meditation erzeugt Vertrauen

Nachdem wir uns immer wieder dem Meditationsobjekt zugewandt haben, wird uns mit dem nächsten Meditationsschritt bewusst, dass der Geist nun endlich gehorcht und auf einer Stelle bleibt. Er hat jetzt eine gewisse Schwere und ist nicht mehr so leicht aus der Ruhe zu bringen. Er hat sich niedergelassen. Die anhaltende Konzentration, die uns zeigt, dass dies möglich ist, bringt ein sehr wichtiges Resultat mit sich. Wir können aufhören, daran zu zweifeln, dass Meditation wirklich funktioniert, dass wir sie je erlernen werden und dass dies der richtige Weg ist. Sollten wir gerade noch überlegt haben, ob wir nicht lieber Tai Chi praktizieren, an einem Yoga-Kurs teilnehmen oder gar das Töpfern erlernen sollten, so erübrigt sich das jetzt. Wir spüren zutiefst, dass dies der Weg zu innerer Ruhe und Ausgeglichenheit ist, und der skeptische Zweifel, der uns immer wieder daran gehindert hat, Selbstvertrauen zu empfinden, ist zum großen Teil verschwunden.

Es ist daher ein sehr wichtiges Erlebnis, wenn der Geist einmal für längere Zeit dort bleibt, wo wir ihn gern hätten. Daraus entsteht ein Gefühl des Vertrauens in uns selbst und in die Lehre. Wir können selbst bezeugen, dass es so stimmt und funktioniert, wie die Anweisungen lauten. Ohne dieses Herzensvertrauen ist es unmöglich, einen spirituellen Weg in seiner ganzen Fülle zu erleben. Vertrauen ist nicht das Gleiche wie blinder Glaube. Der Buddha hat den blinden Glauben immer wieder für gefährlich erklärt; aber er hat gelehrt, dass wir genug Vertrauen haben müssen, um uns vollkommen zu öffnen und die Methoden selbst auszuprobieren.

Aus: Ohne mich, S. 50

Konzentration

Die Meditation ist eine Methode der Läuterung; jeder Moment der Konzentration ist ein Moment der Läuterung. Wenn der Geist nur eine Sekunde lang konzentriert ist, kann er nicht unheilsam denken oder reagieren. Wir wissen auch, dass die Zeit sehr schnell verfließt, wenn wir konzentriert sind, was daran liegt, dass der Geist zu der Zeit nichts Unlauteres in sich birgt. Diese Art der Läuterung funktioniert wie eine automatische Waschmaschine. Wir brauchen uns nicht vorzunehmen, nichts Böses zu denken oder alle Menschen zu lieben. Konzentration allein genügt. Um unser Innenleben zu läutern und tugendhaft zu gestalten, brauchen wir keine grandiosen, spirituellen Fähigkeiten. Nur Verständnis und gute Absicht sind nötig.

Aus: Ohne mich, S. 31f

Was ist der Buddhismus?

Es wird oft gefragt, ob der Buddhismus eine Religion, eine Philosophie, eine Art von Psychologie oder eine Wissenschaft sei. Es kommt wohl ganz darauf an, von welcher Warte aus wir dies betrachten. Im Prinzip ist der Buddhismus nichts weiter als eine Lehre der Praxis, die aus allem Leid herausführt. Um diese Lehre aber erfolgreich praktizieren zu können, müssen wir sie kennen und dürfen sie nicht mit unseren eigenen Meinungen vermischen. Wir sollten versuchen, die Lehre so zu verstehen, wie sie uns überliefert wurde, denn sie basiert auf einer Wahrheit, die wir erst einsehen können, wenn wir genügend praktiziert haben. Es ist also nicht zweckmäßig zu hoffen, dass unsere eigenen Ideen uns behilflich sein werden. Das einzige, was uns hilft, ist, den Richtlinien zu folgen und selbst zu sehen, ob wir Resultate dabei erzielen.

Aus: Ohne mich, S. 27f

Meditation ist für den Geist, was Yoga für den Körper ist

Ich vergleiche das gerne mit Yoga. Übt man eine Weile täglich, dehnen sich Muskeln und Sehnen; der Körper wird geschmeidiger. Hört man aber wieder auf, ziehen sich Muskeln und Sehnen wieder zusammen, der Körper wird wieder steif, und man muss von vorne anfangen zu dehnen und zu weiten.

Genau das Gleiche geschieht im Geist. Wenn wir ihn zu einer neuen Bewusstseinsstufe geweitet haben, müssen wir täglich weiterüben, damit er nicht wieder zusammenschrumpft.

Aus: Meditation, S. 123

An welchem Punkt der Reise stehen wir?

Es ist unerlässlich, dass wir wissen, an welcher Stelle einer Landkarte wir uns wirklich befinden, um unseren Weg planen zu können. Die beste Karte nützt uns sonst nichts. Bei der Meditation können wir feststellen, wo wir uns in Bezug auf Konzentration und innere Läuterung befinden. Selbstbefragung und Selbsterkenntnis stehen an erster Stelle in einem Meditationsprozess. Es handelt sich nicht um irgendwelche Werturteile, sondern darum, einen Anfang für unsere Praxis zu finden. Der Weg der Selbsterkenntnis kann uns eines Tages zu einer solchen Läuterung führen und uns ermöglichen, ohne jegliche Schwierigkeiten in dieser Welt zu leben. Der Buddha hat gesagt, dass er nur eines lehrt, und zwar den Weg heraus aus allem Leid. Wenn wir diesen Weg suchen, müssen wir vor allem unser Innenleben erkennen, denn dort spielt sich alles Leid ab.

Aus: Ohne mich, S. 10

Sich auf den Weg machen

Wir können die Lehre des Buddha mit einer Landkarte vergleichen, auf der alle Straßen, Berge, Flüsse und Täler eingezeichnet sind. Der Anfangspunkt und der Endpunkt sind genauestens vermerkt, und es ist eindeutig erklärt, wo wir entlang wandern sollen, um uns keinen Gefahren auszusetzen und am schnellsten vorwärts zu kommen. Wenn wir diese Landkarte jedoch nur bewundern und uns daran erfreuen, wie schön sie ist, ohne uns auf die Wanderschaft zu begeben, werden wir wohl kaum sehr weit kommen. Die Engländer bezeichnen das als „armchair traveller". Wir schauen von unserem Lehnstuhl aus in die Welt und denken: „Wie schön müsste es sein, in den Himalaja zu reisen oder China kennen zu lernen", bleiben aber dennoch zu Hause. Mit der *Dhamma*-Landkarte ist es genauso; wir müssen uns auf den Weg machen und uns die Anweisungen dankbar zu Herzen nehmen.

Aus: Ohne mich, S. 10

Ohne Freude keine Heilung

Freude darf nicht als Vergnügen, Heiterkeit oder Überschwänglichkeit missverstanden werden. Freude ist ein Gefühl von Erleichterung und Fröhlichkeit, denn man weiß, man hat etwas gefunden, das alles Leiden transzendieren kann. Manchmal haben Menschen die irrige Idee, heilig und fromm zu sein bedeutet, ein trauriges Gesicht zu haben und klagend einherzugehen. Doch vom Buddha wird gesagt, dass er niemals geweint habe, und er wird gewöhnlich mit einem sanften Lächeln im Gesicht abgebildet. Heiligkeit hat nichts mit Traurigkeit zu tun, sondern bedeutet „Heil-Sein". Ohne Freude gibt es keine Heilung.

Aus: Pfad, S. 79

Alles muss, alles kann im eigenen Herzen gefunden werden

„Komm' und sieh selbst,
eine Führung ins Innerste."

Das Verstehen der Lehre führt uns in unsere eigene innere Tiefe. Wir werden nicht eingeladen, um eine Meditationshalle oder eine Buddha-Statue, eine Pagode oder einen Schrein anzuschauen. Wir werden eingeladen, die Erscheinungen des Geistes in uns aufsteigen und vergehen zu sehen. Die Unreinheiten sowie auch die Reinheit müssen im eigenen Herzen, im eigenen Geist entdeckt werden. (…)

Niemand kann das *Dhamma* für einen anderen erkennen. Wir können rezitieren, lesen, diskutieren und zuhören, aber solange wir nicht alles beobachten, was aufsteigt, werden wir das *Dhamma* nicht selbst erkennen. Es gibt nur einen Platz, wo das *Dhamma* erkannt werden kann: im eigenen Herzen. Es muss ein persönliches Erlebnis sein, was sich durch ständige Beobachtung seiner selbst ereignet. Meditation hilft.

Aus: Der Pfad im eigenen Herzen, S. 15f

Meditation verändert

Wenn wir anfangen zu meditieren, handelt es sich nicht nur darum, dass wir erkennen, was wir tun, sondern es handelt sich auch darum, es einmal anders zu machen; außer wir wären so glücklich und zufrieden mit unserem Leben, dass wir nichts ändern möchten. Es ist kaum anzunehmen, dass dies bei vielen Menschen der Fall ist. Wenn wir aber selbstzufrieden sind und glauben, alles sei in Ordnung in uns selbst, wir wollten nur noch etwas schöner meditieren, dann wollen wir nichts ändern.

Aus: Glück, S. 29

Glaube und Weisheit gehören zusammen

Der Buddha verglich den Glauben mit einem blinden Riesen, der einem kleinen, scharfäugigen Krüppel, genannt Weisheit, begegnet. Der Glaube sagt zur Weisheit: „Ich bin sehr stark, aber ich kann nicht sehen, wohin ich gehe. Du bist zwar sehr schwach, aber du hast gute Augen. Komm, ich trage dich auf meinen Schultern. Gemeinsam können wir weit kommen." Blinder Glaube kann Berge bewegen, aber leider nur aufs Geratewohl. Darum ist Weisheit vonnöten, um den Weg zu zeigen. Sie besitzt den Scharfblick innerer Vision. Weisheit ist eine interessante Qualität, denn sie ist nicht zu erlernen, weil sie nur aus innerer Läuterung besteht.

Weisheit braucht drei Schritte: Am Anfang steht das Lernen, das Wissen nach sich zieht. Lernen können wir in Schulen, Universitäten, aus Büchern und aus den Worten von Gelehrten. Das Gelernte muss dann verdaut und zum Teil des eigenen Inneren gemacht werden. Die Nahrung wird verdaut, und was der Körper nicht braucht, wird wieder ausgeschieden. Was der Körper braucht, geht in die Blutbahn und wird umgewandelt zu Energie. Mit dem Wissen können wir gleichermaßen verfahren. Wir können es verdauen, können loslassen, was wir nicht brauchen, und das Beste davon in unsere Blutbahn aufnehmen. Das mag sich schließlich in Weisheit umwandeln, wie die verdaute Nahrung sich in Energie umwandelt. Es handelt sich um eine innerliche Umwandlung und bedeutet nicht notwendigerweise, dass wir Unmengen von Wissen aufnehmen und verdauen müssen. Nicht die Menge, sondern die Qualität ist entscheidend.

Das Kauen und Schlucken der Informationen geht dem Verdauen voraus. Innere Arbeit ist ein wichtiger Teil des Wachstums, genauso wie physische Nahrung notwendig ist, um zu wachsen. Wird keine innere Aktivität entwickelt, die die Lehren des Buddha betrifft, werden diese stets nur dem Buddha und dem Sangha gehören. Sie werden sich nicht aneignen lassen, auch dann nicht, wenn sie immer wiederholt werden. Hat man die Informationen nicht gekaut, geschluckt und verdaut, können sie sich nicht in innere Weisheit verwandeln.

Über je mehr Weisheit wir verfügen, desto einfacher ist es, ein harmonisches Leben ohne allzu viele Hochs und Tiefs zu führen. Das Fehlen von Weisheit bringt uns in Situationen, aus denen wir uns nur mit größten Schwierigkeiten befreien können. Manchmal werden wir einfach darin verharren müssen. Mit Weisheit geraten wir nicht in Schwierigkeiten. Ist Weisheit mit Glauben gepaart, wird sie außerordentlich gestärkt. Der Riese Glauben verfügt über absolutes Vertrauen und kann nicht erschüttert werden. Wenn die scharfen Augen der Weisheit hinzukommen, wird das Ziel erreicht.

Weisheit allein kann eine zwiespältige Qualität annehmen. Sie sieht beide Seiten einer Frage oder eines Problems. Sie besitzt aber nicht die innere Überzeugung des Glaubens. Der Glaube benötigt keine äußeren Instanzen. Ein Glaube, der auf Äußerlichkeiten beruht, ist schwankend. Der Glaube, der am meisten bewirkt, ist der Glaube in die eigene Fähigkeit, das höchste Ziel zu erreichen. Hinzu kommt, dass der Glaube sich zur Überzeugung formen kann, dass man auf dem richtigen Weg ist. Das ist dann das unerschütterliche Vertrauen in den Weg des Dhamma verbunden mit scharfäugiger Weisheit.

Aus: Ewigkeit, S. 166f

Entschlossenheit

Wenn man mit dem Meditieren beginnt, ist Begeisterung vorhanden. Man sagt sich: „Das will ich wirklich so gut tun, wie ich nur kann." Nach ein paar Tagen gewöhnt man sich daran. Dann fängt der Geist an zu denken: „Hört denn das nie auf?" Es wird aufhören, weil alles aufhört. Nichts dauert ewig. Wird der unerleuchtete und ungeübte Schüler von solchen Gedanken heimgesucht, dann reagiert sein Geist etwa folgendermaßen: „Ich fühle mich elend. Ich kann einfach nicht mehr sitzen."

Wenn der Geist solche Einwendungen macht, schauen wir zu, bleiben bewusst und sagen: „Spielst du wieder deine Spielchen mit mir?" Glaubt kein Wort von dem, was euer Geist euch vorplappert. Wir glauben ja auch nicht alles, was unser Geist außerhalb der Meditation sagt. Warum sollten wir ihm dann in der Meditation glauben? Ob in der Meditation oder außerhalb – er hält sich nicht an Regeln. Alles, was er tut, ist Spielchen spielen. Jedes Mal, wenn der Geist Bemerkungen macht, wie „Jetzt ist es genug. Ich werde ja sowieso niemals erleuchtet werden" oder „Mir geht's doch so gut. Ich kann's jetzt sein lassen", dann könnt ihr etwa folgendermaßen antworten: „Sei still! Ich meditiere." Das ist eine Sache der Entschlossenheit, eine der zehn Tugenden, und ohne sie geht gar nichts.

Aus: Die Ewigkeit ist jetzt, S. 147f

Wie ein Ozean

Der Buddha hat gesagt, dass seine Lehren wie ein Ozean seien. Wenn wir uns ihm vom Strand aus nähern, ist er zuerst seicht. Er benetzt gerade unsere Füße. Gehen wir tiefer hinein, werden wir zuerst umgeben und endlich vollkommen aufgenommen von ihm. Genauso verhält es sich mit der Lehre. Wir beginnen, indem wir erst einmal die große Zehe eintauchen, um die Temperatur zu prüfen. Vielleicht probieren wir die Meditation für einen halben Tag aus, dann zwei Tage lang, bis wir schließlich den Mut aufbringen, zu einem zehntägigen Seminar zu kommen und es durchzusitzen. Wir nehmen die Lehre nach und nach auf, bis schließlich unser ganzes Leben davon bestimmt wird.

Aus: Ewigkeit, S. 115

Meditation ist mehr als angenehme Gefühle

Der Wunsch zu meditieren sollte gut fundiert sein, denn nur dann wird man die Energie dazu aufbringen. Ein paar angenehme Erfahrungen machen zu wollen ist kein ausreichender Grund. Dennoch sind die meisten Menschen genau darauf aus. Sehr wahrscheinlich wird das auf eine Enttäuschung hinauslaufen, weil sich die angenehmen Erfahrungen nicht sehr rasch einstellen. Die Energie wäre verschwendet, weil das Erwünschte nicht erlangt wird, und damit wird Meditation zur Plage wie alles andere auch. Durch das falsche Denken wird sie zur unglücklichen Geistesfalle.

Meditation kann nur ein Ziel haben: den Geist auf das Loslassen des Leidens und die Erreichung der Freiheit vorzubereiten. Diesem Zweck dient die Meditation. Wenn wir dabei angenehme Erfahrungen machen, warum nicht? Wir sollten dankbar dafür sein, weil sie uns im Weitermachen bestärken. Machen wir sie aber nicht, spielt das auch keine Rolle. Der Geist braucht die Meditation, damit er befreit werden kann.

Aus: Ewigkeit, S. 89

Einsicht ist das Ziel

In beidem – Ruhe und Einsicht – müssen wir uns üben, um tatsächlich die Resultate zu erzielen, die in der Meditation möglich sind. Jeder sucht nach innerem Frieden, nach dieser Empfindung glücklicher Zufriedenheit. Wer in der Meditation auch nur ein Zipfelchen davon erhascht, fühlt sich richtig glücklich und will mehr davon haben. Mit einem hübschen Anteil daran wären die meisten schon zufrieden. Doch dazu ist die Meditation nicht da. Die Ruhe, der innere Frieden, ist ein Hilfsmittel und dient einem Zweck: Ruhe ist das Mittel – Einsicht das Ziel. Hilfsmittel sind wichtig und notwendig, dürfen aber nie mit dem eigentlichen Ziel verwechselt werden. Weil es hier aber um eine so ganz und gar angenehme Erfahrung geht, erwächst daraus eine neue Anhaftung.

Unser ständiges Problem ist, dass wir festhalten wollen, was uns angenehm ist, und zurückweisen, was uns nicht gefällt. Weil wir das zu unserem Lebenszweck machen, hat unser Leben tatsächlich *keinen* Zweck. Es ist unmöglich, alles Unangenehme auszuschalten und nur das Angenehme zu behalten. Solange wir das als Ziel betrachten, haben wir *kein* Ziel. Das Gleiche gilt für die Meditation.

Aus: Ewigkeit, S. 27

Liebende-Güte-Meditation
Springbrunnen

Um anzufangen, wollen wir bitte die Achtsamkeit für ein par Momente auf den Atem lenken.

Wir wollen uns einmal vorstellen, dass in unserem Herzen ein Springbrunnen ist, der in vielen Farben schillert, wenn die Sonne auf das Wasser scheint. Und jeder Tropfen, der von diesem Springbrunnen herunterfällt, ist mit Liebe angefüllt, und allmählich füllt sich unser ganzes Herz, unser ganzes Sein, mit Liebe. Wir sind davon angefüllt und umhüllt. Wir fühlen die Wärme, die aus unserem Herzen kommt, und die Fürsorge und sind beglückt von dem, was wir in unserem Herzen finden können.

Jetzt lassen wir die Tropfen dieses Springbrunnens aus unserem Herzen in das Herz von demjenigen fallen, der uns räumlich am nächsten ist, und jeder Tropfen ist voll Liebe. Und wir sehen, wie das diesen Menschen beglückt.

Wir lassen die Tropfen aus dem Springbrunnen in unserem Herzen in die Herzen unserer Eltern fallen, und sie verbreiten Liebe und Mitgefühl in deren Herzen. Sie sind beglückt davon. Sie fühlen die Reinheit dieser wunderbaren Quelle.

Wir denken an unsere liebsten und nächsten Menschen, mit denen wir vielleicht zusammenleben, und lassen diesen Springbrunnen, dessen Tropfen nur Liebe enthalten, zu deren Herzen sprudeln und sie mit unserer Liebe anfüllen. Wir erwarten kein Gegengeschenk, sondern benutzen nur die Liebesfähigkeit unseres Herzens.

Wir spüren noch einmal diesen wunderschönen, in vielen Farben schillernden Springbrunnen in unserem Herzen, dessen Tropfen nur Liebe enthalten, und lassen sie in die Herzen unserer Freunde, Verwandten und Bekannten fallen, so dass deren Herzen auch damit angefüllt sind. Wir sehen, wie viel Freude das bringt, wie viel Glück um uns herum das verbreitet.

Und wir denken an die Menschen, denen wir in unserem Alltag begegnen: unsere Nachbarn und Arbeitskollegen, Kunden, Verkäufer, Patienten, Schüler, Lehrer, alle, die uns in den Sinn kommen und einen wichtigen Teil unseres Alltags ausmachen. Der Springbrunnen in unserem Herzen sprudelt zu all deren Herzen und schenkt ihnen unsere Liebe. Wir fühlen ein ganz anderes Zusammengehörigkeitsgefühl mit diesen Menschen, eine ganz andere Verbindung als nur die der Nähe oder der Notwendigkeit: eine Herzensverbindung.

Jetzt denken wir an einen Menschen, den wir schwierig finden, der uns nicht passt. Aber der Springbrunnen in unserem Herzen ist nicht aufzuhalten und sprudelt überall hin, so dass Tropfen voll Liebe auch in das Herz des schwierigen Menschen fallen und wir dadurch eine Verbindung herstellen, die diesen Menschen und uns selbst beglückt.

Jetzt öffnen wir unser Herz so weit es nur geht, und der Springbrunnen in unserem Herzen wird immer größer und größer. Wir sehen, wie er sich verbreitet, und so lassen wir so viele Menschen wie nur möglich in unser Herz hinein, damit sie diese Tropfen der Liebe spüren können, die aus unserem Herzen kommen. Erst lassen wir all diejenigen hinein, mit denen wir zusammen sind. Und wir sehen ganz deutlich, wie jeder sich an diesen Liebestropfen erfreut.

Dann lassen wir all diejenigen Menschen hinein, die in der Nähe zu finden sind. Und dann all die in der Umgebung, die wir vielleicht gesehen haben oder von denen wir nur ahnen, dass sie in den Häusern zu finden sind. Alle dürfen hinein.

Wir lassen all diejenigen Menschen hinein, die wir kennen, die wir je gesprochen haben, von denen wir gehört haben, von denen wir wissen oder auch nur ahnen, dass sie existieren. Unser Herz wird immer größer und größer, der Springbrunnen erweitert sich in alle Richtungen. Alle diese Menschen haben in unserem Herzen Platz und können sich an den Liebestropfen erfreuen.

Und wir vergrößern diesen Springbrunnen in unserem Herzen so weit, dass die Tropfen immer weiter und weiter fallen können, so dass auch die Menschen, von denen wir nicht wissen, dass sie existieren, sie zu spüren bekommen.

Wir sehen ganz deutlich, wie dieses reine Gefühl der Liebe sich in uns und um uns verbreitet.

Wir richten die Achtsamkeit wieder auf uns selbst und spüren Glück und Freude, die vom Lieben und Verschenken kommen. Wir füllen und umhüllen uns von Kopf bis Fuß mit dem Sprudeln der Liebestropfen in unserem Herzen. Wir sind davon gefüllt, umhüllt und beglückt und fühlen die Reinheit, die diesen herrlichen Wassertropfen entspringt.

Mögen alle Menschen die Reinheit der Liebe in ihrem Herzen zur Blüte bringen.

Aus: Glück, S. 119–122

Stichwortverzeichnis

Anagarikas, Pali, wörtlich: „Hausloser", Klosterbewohner, auch auf Zeit.

Arahat, Pali, Heiliger. Jemand, der am Ende des vom Buddha gewiesenen Weges angekommen ist.

Deva, Pali, wörtlich: „der Leuchtende", Himmelswesen oder Götter, gute Geister.

Dhamma, Pali (Sanskrit Dharma), wörtlich: tragen, halten. Zentraler Begriff im Buddhismus, der verschiedene Bedeutungen hat. Unter anderem meint er sowohl das kosmische Gesetz, dem unsere Welt unterliegt, als auch die Lehre des Buddha, der dieses Gesetz durchschaut hat.

Dukkha, Pali, Leid, leiden. Meint nicht nur Leiden im Sinne von unangenehmen Empfindungen, sondern alles Bedingte, ob materiell oder geistig, das der Vergänglichkeit unterworfen ist.

Karma, Sanskrit, wörtlich: Tat. Das Gesetz von Ursache und Wirkung. Jeder Gedanke, jede Handlung wird unausweichlich eine Folge haben. Welche Wirkung eine Tat hat, hängt dabei wesentlich mit der Absicht zusammen, mit der die Tat ausgeführt wurde. Dennoch legt das Karma einen Menschen nicht fest: die Situation, in der er sich befindet, ist zwar die Frucht seiner eigenen Taten – seine Reaktion auf diese Situation steht ihm aber frei.

METTA, Pali (Sanskrit: mastri), wörtlich: Güte, Wohlwollen. Metta ist Inhalt einer im Theravada Buddhismus (die buddhistische Schule, nach der Ayya Khema lehrte) geübten Meditation. Ziel der Metta-Meditation ist es, Güte zu erzeugen und Hass zu überwinden. Die Übung besteht daraus, Metta zunächst für sich selbst, dann für nahe stehende und fernstehende und schließlich für feindlich gesinnte Menschen zu entwickeln. Metta-Meditationen werden von Ayya Khema auch häufig Liebende-Güte-Meditationen genannt.

NIBBANA, Pali (Sanskrit: Nirvana), wörtlich: verlöschen. Ziel der buddhistischen Praxis in all ihren Schulen. Es bedeutet die Befreiung vom Leid, aller Wurzeln für unheilsames Handeln, wie Gier, Hass und Wahn. Nibbana meint kein Verlöschen im Sinne einer Vernichtung, wie es im Westen oft missverstanden wurde, sondern ein Aufgehen in einer anderen Existenzweise.

PALI, indischer Dialekt, der sich vom Sanskrit ableitet. Pali ist die Sprache der ältesten buddhistischen Schriften und die heilige Sprache im Theravada Buddhismus, der buddhistischen Schule, in der Ayya Khema zu Hause war und nach der sie lehrte.

SAMSARA, Sanskrit, wörtlich: Wanderung. Kreislauf der Wiedergeburten, denen wir durch unser Karma unterworfen sind, solange wir keine Befreiung, Erleuchtung erlangt haben.

Quellenverzeichnis

Ayya Khema, Unsere Umwelt als Spiegel, © Jhana Verlag, 3. verbesserte Auflage 1999 (*Spiegel*)

Ayya Khema, Die Ewigkeit ist jetzt, © O.W. Barth, 1. Auflage 1998 (*Ewigkeit*)

Ayya Khema, Sei Dir selbst eine Insel, © Theseus, 5. Auflage 1997 (*Insel*)

Ayya Khema, Die vier Ebenen des Glücks, © Jhana Verlag, 1. Auflage 1997 (*Glück*)

Ayya Khema, Der Pfad zum Herzen, © Jahna Verlag, 2. verbesserte Auflage 1996 (*Pfad*)

Ayya Khema, Ohne mich ist das Leben ganz einfach, © Aurum Verlag, 2. Auflage 1996 (*Ohne mich*)

Ayya Khema, Das Größte ist die Liebe – die Bergpredigt und das Hohelied der Liebe aus buddhistischer Sicht, © Jhana Verlag, 1. Auflage 1995 (*Hohelied*)

Ayya Khema, Wenn nicht ich, wer dann? Wenn nicht jetzt, wann denn? © Jhana Verlag, 2. verbesserte Auflage 2000 (*Wenn nicht ich*)

Ayya Khema, Nicht so viel denken, mehr lieben, © Arkana, vollständige Taschenbuchausgabe 2000 (*denken*), © der deutschsprachigen Ausgabe Hoffman und Campe Verlag, Hamburg

Ayya Khema, Meditation ohne Geheimnis, dtv, ungekürzte Ausgabe, April 1999 (*Meditation*), © 1988 Theseus Verlag

Ayya Khema, Weihnachten das Fest des Lichts, © Jhana Verlag, 2. verbesserte Auflage 1997 (*Weihnachten*)

Ayya Khema, Liebe ohne Geheimis, © Jhana Verlag, 2. verbesserte Auflage 1998 (*Liebe*)

Meditation und Einsicht

Karlfried Graf Dürckheim
Vom doppelten Ursprung des Menschen
Band 5141
Das grundlegende Werk des großen Meisters der Spiritualität, das den Weg zu einer unverkrampften, freien und reifen Haltung eröffnet.

Alan Watts
Leben ist jetzt
Das Achtsamkeitsbuch
Band 5139
Die meisterhafte und spielerische Verbindung von westlichem Denken und östlicher Erfahrung: Alan Watts vermittelt souveräne Gelassenheit und die Einsicht, dass es vor allem auf den Moment ankommt.

Anand Nayak
Die innere Welt des Tantra
Eine Einführung
Band 5113
„Ich spüre, also bin ich" – Tantra ist mehr und anderes als eine sexuelle Praktik. Eine sachliche und präzise Einführung in Grundbegriffe und Meditationen, Atem- und Konzentrationsübungen.

Lama Anagarika Govinda
Der Anfang ist das Ziel
Weisheit für unsere Zeit
Band 5051
Vom Sich-Öffnen der ganzen Person, das durch meditatives Erleben zum Einklang von Geist, Körper und der Schönheit der Welt führt.

Thich Nhat Hanh
Lächle deinem eigenen Herzen zu
Wege zu einem achtsamen Leben
Band 4883
Die einfache, tiefe Botschaft an Menschen, die in der Hektik des Alltags beim Gehen schon ans Rennen denken.

HERDER spektrum